Transfer Pricing

Transfer Pricing

QUESTÕES CONTROVERSAS NA APLICAÇÃO
DAS REGRAS BRASILEIRAS

2017

Flávia Kfouri de Sousa
Lúcio Breno Pravatta Argentino
Tiago Hodecker Tomasczeski

TRANSFER PRICING
QUESTÕES CONTROVERSAS NA APLICAÇÃO DAS REGRAS BRASILEIRAS
© Almedina, 2017

AUTOR: Flávia Kfouri de Sousa, Lúcio Breno Pravatta Argentino, Tiago Hodecker Tomasczeski
DIAGRAMAÇÃO: Almedina
DESIGN DE CAPA: FBA
ISBN: 978-858-49-3253-5

Dados Internacionais de Catalogação na Publicação (CIP)
(Câmara Brasileira do Livro, SP, Brasil)

Sousa, Flávia Kfouri de
Transfer pricing : questões controversas na aplicação das regras brasileiras / Flávia Kfouri de Sousa, Lúcio Breno Pravatta Argentino, Tiago Hodecker Tomasczeski. -- São Paulo : Almedina, 2017.

Bibliografia.
ISBN 978-85-8493-253-5

1. Comércio internacional - Tributação 2. Direito tributário - Brasil 3. Preço de transferência – Impostos - Legislação - Brasil 4. Preços de transferência - Brasil I. Argentino, Lúcio Breno Pravatta. II. Tomasczeski, Tiago Hodecker. III. Título.

17-10127				CDU-34:336.2:338.5(81)

Índices para catálogo sistemático:
1. Brasil : Preços de transferência : Direito tributário 34:336.2:338.5(81)

Este livro segue as regras do novo Acordo Ortográfico da Língua Portuguesa (1990).

Todos os direitos reservados. Nenhuma parte deste livro, protegido por copyright, pode ser reproduzida, armazenada ou transmitida de alguma forma ou por algum meio, seja eletrônico ou mecânico, inclusive fotocópia, gravação ou qualquer sistema de armazenagem de informações, sem a permissão expressa e por escrito da editora.

Novembro, 2017

EDITORA: Almedina Brasil
Rua José Maria Lisboa, 860, Conj.131 e 132, CEP: 01423-001 São Paulo | Brasil
editora@almedina.com.br
www.almedina.com.br

PREFÁCIO

Para minha grande satisfação, uma vez mais fui convidado a prefaciar uma obra composta por estudos apresentados na conclusão da Especialização (LL.M) em Direito Tributário do Insper – Instituto de Ensino e Pesquisa, em São Paulo (SP).

Tais estudos objetivam analisar, sob ângulos diversos, as regras de Preços de Transferência – *Transfer Pricing* – que estabelecem preços mínimos e máximos observáveis nas operações de exportações e importações envolvendo empresas brasileiras e as chamadas pessoas vinculadas, pessoas físicas ou jurídicas, residentes ou domiciliadas no exterior, com as quais tais operações são praticadas. A inobservância de tais preços sujeita o exportador e/ou o importador brasileiro a ajustes nas suas bases de cálculo do Imposto Sobre a Renda e Proventos de Qualquer Natureza e da Contribuição Social Sobre o Lucro, majorando-as.

Os estudos que ora são apresentados não poderiam tê-lo sido em momento mais propício, uma vez que em 30 de maio deste ano (2017) o Brasil solicitou formalmente o seu ingresso na Organização para a Cooperação e Desenvolvimento Econômico (OCDE).

Dentre seus propósitos, a OCDE procura coordenar políticas econômicas domésticas e internacionais – incluindo políticas tributárias –, o que faz com que esta organização, desde há muito, venha estabelecendo regras de *Transfer Pricing* a serem observadas pelos países que dela sejam membros.

Cada qual a seu modo, os autores desses estudos tem em comum a preocupação em cotejar as regras estabelecidas pela OCDE aplicáveis aos Preços de Transferência com aquelas adotadas pelo Brasil, apontando suas similitudes e, principalmente, suas diferenças.

Abre a obra o texto de Flávia Kfouri de Souza, sobre o **Preço de Transferência na Exportação e a Legislação Brasileira**, no qual a autora analisa as regras aplicáveis ao *Transfer Pricing* na exportação, concluindo que a legislação brasileira limita as provas que podem ser produzidas pelo exportador no cálculo do Preço de Transferência, fixando margens de lucro incompatíveis com os diferentes ramos do mercado, afetando assim negativamente o desempenho das exportações brasileiras.

Na sequência é apresentado o estudo de Lúcio Breno Pravatta Argentino, sobre o **Preço de Transferência em Contratos de Longo Prazo**. Nele, o autor analisa a evolução da legislação e dos debates sobre o *Transfer Pricing* na Brasil, detalhando as particularidades do tratamento dispensado aos contratos de longo prazo e terminando por concluir sobre a sua incompatibilidade com o regramento dos preços de transferência.

Encerra a obra o texto de Tomas Hodecker Tomasczeski, **A Aplicação dos Métodos de Preços de Transferência no Brasil, na Importação de Mercadorias e Serviços, em relação às Normas Internacionais da Organização para a Cooperação e Desenvolvimento Econômico (OCDE)**, na qual são analisadas detalhadamente as regras de *Transfer Pricing* adotadas nas importações de mercadorias e serviços no Brasil, concluindo que estas diferem, em muito, daquelas preconizadas pela OCDE.

Tenho certeza que a presente obra servirá não só como material de apoio e consulta, como também será base segura para reflexões mais profundas sobre os Preços de Transferência. Seus autores – de quem, orgulhosamente, fui orientador na Especialização do Insper – possuem o necessário conhecimento e experiência para bem discorrerem sobre o tema.

São Paulo, outubro de 2017

Régis Fernando de Ribeiro Braga
Professor Orientador – LL.M em Direito Tributário
Insper - Instituto de Ensino e Pesquisa
São Paulo, SP

SUMÁRIO

PREÇO DE TRANSFERÊNCIA NA EXPORTAÇÃO
E A LEGISLAÇÃO BRASILEIRA 11

INTRODUÇÃO 11

1. O PREÇO DE TRANSFERÊNCIA 13
   1.1. Histórico 13
   1.2. Conceito de preço de transferência 17
   1.3. Empresas vinculadas 23
   1.4. Paraíso fiscal 26

2. O PREÇO DE TRANSFERÊNCIA NA EXPORTAÇÃO NO BRASIL E NA OECD ... 28
   2.1. O preço de transferência na exportação no Brasil 28
   2.2. Métodos de cálculo 31
      2.2.1. PVEx (Preço de Venda nas Exportações) 31
      2.2.2. PVA (Preço de Venda por Atacado) 32
      2.2.3. PVV (Preço de Venda a Varejo) 32
      2.2.4. CAP (Custo de Aquisição ou de Produção mais Tributos e Lucro) ... 33
      2.2.5. Pecex (Preço sob Cotação na Exportação) 33
   2.3. Orincípio *arm's length* e o preço de transferência na OECD ... 33

3. COMENTÁRIOS À LEGISLAÇÃO DE PREÇO DE TRANSFERÊNCIA
   NO BRASIL FACE ÀS ORIENTAÇÕES DA OECD 38

CONCLUSÕES 44

REFERÊNCIAS 45

PREÇOS DE TRANSFERÊNCIA EM CONTRATOS DE LONGO PRAZO — 49

1. INTRODUÇÃO AO TEMA — 49
   1.1. Breves considerações sobre a evolução histórica — 52
      1.1.1. A experiência global — 52
      1.1.2. A experiência brasileira — 58
2. OS MÉTODOS DE PREÇOS DE TRANSFERÊNCIA NO BRASIL — 59
   2.1. Operações sujeitas ao controle de preços de transferência no Brasil — 60
   2.2. O conceito de pessoas vinculadas — 63
   2.3. Pessoa interposta e países com favorecimento tributário e/ou societário — 65
   2.4. Possibilidades de dispensa do cálculo de preços de transferência — 66
3. PREÇOS DE TRANSFERÊNCIA NA IMPORTAÇÃO — 67
   3.1. Os Preços Independentes Comparados (PIC) — 68
   3.2. O Preço de Revenda Menos Lucro (PRL) — 69
   3.3. O Custo de Produção Mais Lucro (CPL) — 70
   3.4. O Preço sob Cotação na Importação (PCI) — 72
4. PREÇOS DE TRANSFERÊNCIA NA EXPORTAÇÃO — 72
   4.1. O Preço de Venda nas Exportações (PVEx) — 73
   4.2. O Preço de Venda por Atacado no país de destino, diminuído do lucro (PVA) — 74
   4.3. Preço de Venda a Varejo no país de destino, diminuído do lucro (PVV) — 74
   4.4. O Custo de Aquisição ou Produção, mais tributos e lucro (CAP) — 74
   4.5. O Preço sob Cotação na Exportação (PCEx) — 75
5. OPERAÇÕES COM JUROS — 75
6. CONTRATOS DE LONGO PRAZO — 76

CONCLUSÕES — 83

REFERÊNCIAS — 84

A APLICAÇÃO DOS MÉTODOS DE PREÇO DE TRANSFERÊNCIA NO BRASIL, NA IMPORTAÇÃO DE MERCADORIAS E SERVIÇOS, EM RELAÇÃO ÀS NORMAS INTERNACIONAIS DA ORGANIZAÇÃO PARA COOPERAÇÃO E DESENVOLVIMENTO ECONÔMICO (OCDE) — 87

INTRODUÇÃO — 87

1. O PREÇO DE TRANSFERÊNCIA NA LEGISLAÇÃO BRASILEIRA — 91
2. CONCEITO DE PARTE RELACIONADA PARA LEGISLAÇÃO BRASILEIRA — 95

2.1. Interposta pessoa	98
2.2. Importação de pessoas localizadas em paraíso fiscal	98
3. CONCEITO INTERNACIONAL DO PRINCÍPIO DO *ARM'S LENGTH PRINCIPLE* E UTILIZAÇÃO NO BRASIL	99
4. OPÇÃO PELO LUCRO REAL	102
5. OS MÉTODOS APLICÁVEIS NO BRASIL	104
5.1. Preços Independentes Comparados (PIC)	107
5.2. Custo de Produção Mais Lucro (CPL)	112
5.3. Preço sob Cotação na Importação (PCI)	115
5.4. Preço de Revenda menos Lucro (PRL)	118
5.4.1 Exemplo de aplicação no caso concreto e demonstração do efeito para o contribuinte	121
5.4.2. Margens do PRL	124
6. INTERPRETAÇÃO DO FISCO E CONTRIBUINTE: INSTRUÇÃO NORMATIVA X LEI	125
6.1. Cálculo realizado conforme Lei 9.430/96 (antes da Lei 12.715)	128
6.2. Cálculo realizado conforme in 243/2002	129
7. O PREÇO DE TRANSFERÊNCIA SOB AS NORMAS DA OCDE NA IMPORTAÇÃO DE BENS E SERVIÇOS	135
7.1. Conceito de parte relacionada no âmbito da OCDE	137
7.2. Aplicação do *arm's length principle*	139
7.3. Métodos para documentação do preço de transferência comparáveis com a legislação brasileira	145
7.3.1. *Comparable uncontrolled price (CUP)*	147
7.3.2. *The resale price method*	152
7.3.3. *The cost plus method*	155
7.3.4. *Transaction Net Margin Method (TNMM)*	157
7.3.5. *The profit split method*	160
7.4. Utilização de bancos de dados com informação de preço de mercado e estudos de "*benchmarking analysis*" não utilizados no Brasil	162
7.5. Análise da aplicação das diretrizes da OECD na importação de bens e serviços e suas respectivas críticas	165
CONCLUSÕES	168
REFERÊNCIAS	170

Preço de Transferência na Exportação e a Legislação Brasileira

Flavia Kfouri de Sousa

Introdução

O tema do presente estudo é de extrema relevância para o cenário tributário mundial, no que se refere à tributação sobre a renda. No Brasil, especificamente com relação ao Imposto de Renda e a Contribuição Social sobre o Lucro Líquido, esse é, dos mecanismos de auferição de receita pelos países, o mais conhecido e utilizado.

Com a globalização em processo de constante evolução, é de suma importância a discussão com relação às formas de tributação sobre a renda, para que não seja tão onerosa a ponto de prejudicar o desenvolvimento dos negócios, mas que seja adequada para que as operações internacionais sobre a renda sejam tributadas pelo menos em um dos países envolvidos.

Nesse sentido, quando as empresas se utilizam de artifícios para evitar a tributação sobre a renda, há a necessidade de serem criados mecanismos para evitar esse desvio. O aumento ou diminuição dos preços praticados entre empresas do mesmo grupo econômico com propósito único de evitar a tributação da renda descaracteriza a operação negocial.

Logo, o método atribuído às empresas a fim de obter o cálculo do Preço de Transferência deve ser adequado e proporcional, dependendo do tipo de negócio praticado, o mercado consumidor e o contexto em que a empresa está inserida.

Essa é, inclusive, a preocupação da OECD quando editou o manual de orientações do Preço de Transferência (ou *Transfer Pricing*") para os países signatários, com enfoque no princípio do "arm's length", o qual garante às partes, em operação negocial, independência e igualdade. Consequentemente, a manipulação de preços entre as partes vinculadas representa afronta direta a esse princípio, senão vejamos:

> "Segundo o OECD, **quando empresas independentes negociam entre elas, as condições de suas relações comerciais e financeiras ordinariamente são determinadas por forças de mercado. Quando empresas associadas lidam entre elas, suas relações comerciais e financeiras podem não ser da mesma forma diretamente afetadas por forças externas de mercado**, embora empresas relacionadas muitas vezes procurem reproduzir a dinâmica das forças de mercado nas negociações entre elas".[1]

Assim, o estudo será focado no Preço de Transferência na exportação de bens, direitos e serviços, especificamente com relação às metodologias de cálculo existentes na legislação pátria, as quais proporcionam os critérios que deverão ser utilizados para aplicação do método matemático de cálculo, a fim de demonstrar sua eficácia e propósito.

Após devidamente verificado e compreendido o conceito e as metodologias de cálculo adotados e aplicados pela legislação brasileira na exportação, passamos à análise do princípio *Arm's Length* para melhor entendimento da metodologia de cálculo recomendada e aplicada pelo manual do Preço de Transferência editado pela OECD e adotada pelo Brasil.

Nessa seara, a Lei nº 9.430 de 1996 inseriu o Preço de Transferência no ordenamento jurídico brasileiro, acompanhando a tendência mundial de averiguar as transações comerciais e financeiras ocorridas entre empresas de mesmo grupo econômico, localizadas em jurisdições com regime tributário distinto.

Esclarecemos que o trabalho não pretende exaurir a matéria, mas tão somente estudar os principais conceitos e metodologias aplicadas pela legislação pátria acerca do Preço de Transferência, a fim de proporcionar uma visão ampla dos métodos na exportação e critérios existentes para que o leitor possa refletir e criticar o tema sob o enfoque proposto.

---

[1] SILVA, Lourival do Lopes da. **Manual do Preço de Transferência: aspectos teóricos e práticos**. 2. ed. – São Paulo: IOB Folhamatic EBS – SAGE, 2014, página 24, grifos do autor.

1. O preço de transferência
1.1. Histórico

Para discorrer sobre a origem do Preço de Transferência, precisamos entender o contexto histórico à época de sua criação.

Até a segunda Guerra Mundial, as empresas restringiam suas operações ao seu país de origem, porém, ao final da guerra e com o advento do desenvolvimento tecnológico, principalmente no que se refere à comunicação, algumas empresas começaram a ampliar suas fronteiras para fornecer produtos e serviços a outros países que precisavam de suprimentos para reconstrução e desenvolvimento no pós-guerra.

Nesse contexto, em função da expansão dessas empresas no cenário internacional, surgem as empresas multinacionais, as quais assumem um papel de suma importância internacional a fim de fomentar a geração de riqueza, postos de trabalhos e lucros, o que possibilita aos países crescerem e voltarem a se estruturar.

Senão vejamos o que Lionel Pimentel Nobre ensina.

> "Antes, as empresas estavam ligadas ao princípio de sua nacionalidade de origem. Todavia, com a expansão dos mercados, tais empresas voltaram-se para os mercados internacionais. Da empresa nacional com operações no exterior para a empresa multinacional foi um passo lógico e imperceptível.
>
> A empresa multinacional não se identifica com as antigas empresas que operavam como agentes do governo no exterior, como, por exemplo a famosa Companhia das Índias Ocidentais, braço comercial colonizador e explorador para a Inglaterra."[2]

Com o advento da globalização, fenômeno que estreitou por vez as relações entre as diversas nações e países, as multinacionais atingiram o estopim de seu crescimento e relevância no mercado internacional. O mundo passa a se comunicar em tempo real, assim como as operações mercantis passam a ser realizadas em todas as partes do mundo quase instantaneamente.

A interação entre as nações desencadeia um desafio econômico e jurídico, tanto em razão da cultura de cada parte envolvida nas transações mer-

---

[2] NOBRE, Lionel Pimentel. **A Globalização e o Controle de Transferência de Preços (*Transfer Pricing*) no Brasil** – Brasília: Pórtico, 2000, pp. 25 e 26.

cantis, quanto à diversidade de sistemas jurídicos e, consequentemente, na forma de tributação da renda nos Estados.

Uma empresa que opera internacionalmente se submete a diferentes cargas tributárias, assim como inúmeras normas jurídicas, conforme comentários de Lionel Pimentel Nobre acerca desta questão.

> "Apesar do estreitamento econômico entre os países, sendo o maior exemplo a introdução do Euro como moeda única comum do mercado europeu no ano de 1999, uma das maiores dificuldades jurídicas continua sendo no âmbito tributário internacional. Por exemplo, como diferentes jurisdições possuem distintos regimes tributários, é natural que um mesmo ente com operações internacionais seja tributado por vários Estados. Consequentemente, empresas multinacionais estão sujeitas às mais diversas cargas de tributação, que variam constantemente ao sabor da política fiscal de cada país."[3]

No intuito de possibilitar a continuidade de suas operações, as multinacionais dedicam grande esforço para otimizar custos e reduzir a carga tributária.

Contando com esse investimento, na contramão do que, normalmente, é praticado no mercado internacional, alguns Estados desoneram suas cargas fiscais, atraindo empresas multinacionais ao seu território, originando um desgaste nas relações entre os países com alta e com baixa cargas tributárias.

A disparidade entre a tributação nos países desencadeou a discussão sobre Preços de Transferência, objetivando o equilíbrio da tributação internacional. Isso porque as multinacionais efetuam planejamento tributário para reduzir os encargos sobre o lucro, por vezes criando grupos econômicos com a constituição de empresas em países em situação de tributação favorecida, a fim de reduzir a carga tributária.

Nesse contexto, em 1948 foi criada a Organização para Cooperação Econômica Europeia, (*Organisation for European Economic Cooperation – OEEC*), a qual, inicialmente, foi composta com o objetivo de cumprir o Plano Marshall para reconstrução dos continentes destruídos pela guerra, mas, devido ao sucesso do trabalho desenvolvido pela Organização, decidiram por dar continuidade à organização. Assim, em 1961, com a participação dos Estados Unidos e do Canadá, foi fundada a Organização para

---

[3] NOBRE, op. cit., p. 77.

Cooperação Econômica e Desenvolvimento (*Organisation for Economic Co-operation and Development* – OECD).

Assim, com o avanço da globalização, na qual as operações e transações internacionais são cada vez mais dinâmicas e simultâneas, houve um aumento da preocupação dos países em evitar que as empresas multinacionais se aproveitem de artifícios para reduzir a tributação incidente sobre a renda, principalmente quando as operações são realizadas entre diferentes jurisdições e diplomas normativos.

A OECD é, portanto, uma organização de países que trabalham em conjunto para endereçar os desafios referentes aos assuntos econômicos, sociais e meio ambiente, auxiliando os países com diretrizes para melhor aplicação e desenvolvimento de regras.

Neste sentido, a OECD possibilita e proporciona um ambiente de discussões em que os países podem compartilhar experiência, efetuar comparações de políticas, buscar soluções de problemas em comum, identificando e traçando as melhores práticas para lidar com o avanço das operações e transações locais e internacionais, especialmente, no que diz respeito ao planejamento tributário.

A OECD foi precursora no estudo do Preço de Transferência, engajando os países a trabalhar em harmonia com objetivo de sanar problemas comuns a todos eles.

Logo, os integrantes da referida organização se reúnem em fóruns de debate para discutir e procurar soluções para questões relacionadas ao ambiente internacional e a interação entre os países.

No caso do Preço de Transferência, a OECD edita instruções para melhorar o ambiente econômico e social dos países envolvidos. A última edição do manual com as diretrizes de Preço de Transferência foi editado em julho de 2010 e é aplicado pelos países membros da organização.

Já no Brasil, o conceito de Preço de Transferência foi introduzido no ordenamento jurídico por meio da Lei nº 9.430 de 1996, a qual regulamentou e definiu métodos de cálculo para efetuar a apuração do Preço de Transferência e, consequentemente, o limite de dedutibilidade no imposto de renda.

Pela exposição de motivos da referida norma, é possível verificar que o Brasil emprestou os conceitos e diretrizes da OECD no limite de sua conveniência, internalizando o conceito do Preço de Transferência adotado internacionalmente.

Senão vejamos o que é possível verificar da exposição de motivos da norma em comento.

"2. Em 1995, foram sancionadas as Leis nºs 9.249 e 9.250, de 26 de dezembro daquele ano, as quais tornaram-se o marco inicial de modernização da legislação do imposto de renda, tendo em vista os critérios de simplificação, harmonização e universalização nelas adotados.

3.O atual projeto se insere nesse esforço de modernização e, sendo mais abrangente, estende a outras áreas os princípios que nortearam a elaboração da referida legislação, ao mesmo tempo em que aperfeiçoa os mecanismos que permitem a verificação ágil e eficiente do cumprimento da obrigação tributária dentro das práticas atuais de mercado, em uma economia cada vez mais globalizada.

(...)

12. As normas contidas nos arts. 18 a 24 representam significativo avanço da legislação nacional face ao ingente processo de globalização, experimentado pelas economias contemporâneas. No caso específico, em conformidade com regras adotadas nos países integrantes da OECD, são propostas normas que possibilitam o controle dos denominados "Preço de Transferência", de forma a evitar a prática, lesiva aos interesses nacionais, de transferências de resultados para o exterior, mediante a manipulação dos Preço pactuados nas importações ou exportações de bens, serviços ou direitos, em operações com pessoas vinculadas, residentes ou domiciliadas no exterior."

Em que pese o legislador brasileiro ter adotado o conceito estabelecido pela OECD, desde o início fica implícito na exposição de motivos que a Lei nº 9.430 de 1996, na verdade, busca, tão somente, evitar a evasão de divisas, conforme bem salienta Lionel Pimentel Nobre:

"Como uma reflexão preliminar, percebe-se que a própria Exposição de Motivos claramente visa a privilegiar a arrecadação em detrimento da eficácia e da eficiência da administração fiscal, pois de início presume-se que está havendo evasão e, como veremos a seguir, passa-se a tratar das operações sujeitas ao controle dessa premissa sem se preocupar, em qualquer momento, em examinar se houve hipótese de incidência de tributo. Isso, sem dúvida, vai de encontro à teoria de que uma justiça fiscal deveria ser propiciada e resguardada pelo Estado."[4]

---

[4] NOBRE, op. cit., p. 132 e 133.

Nota-se que o legislador não observa o fato gerador do tributo, partindo diretamente para o pressuposto de que há a evasão do tributo. Não houve preocupação em averiguar se, de fato, houve qualquer hipótese de incidência que ocasionasse a aplicação do Preço de Transferência, supondo que as partes relacionadas praticam operações com intuito de evitar a tributação.

Entretanto, a aplicação de tratamento diferenciado para partes relacionadas no ordenamento jurídico não é algo novo do direito tributário, como, por exemplo, no Decreto nº 87.981 de 1982, que regulamenta o Imposto sobre Produtos Industrializados (IPI), que dá parâmetros para o preço praticado entre empresas relacionadas.

> "A noção de fiscalmente considerar uma operação como válida apenas na medida em que seu preço é real, factual e existente, logo não manipulado ou artificial, por conta do relacionamento das partes (que obrigatoriamente não seria comercial, pois nenhum vendedor ou comprador que se preze iria vender ou comprar acima do preço de mercado), decorre de inúmeros princípios constitucionais tributários como o da capacidade contributiva e igualdade, entre outros."[5]

Portanto, ao incluir o Preço de Transferência na legislação brasileira, o legislador visou, unicamente, a possibilidade de majorar a base de cálculo do imposto de renda, mas não no racional advindo da OECD, o qual visa desenvolver o comércio internacional de forma igualitária e justa.

1.2. Conceito de preço de transferência

O Preço de Transferência é um instituto utilizado para regular o preço praticado nas operações intragrupo. Com o advento da globalização e a velocidade na troca de informações, o mundo se aproximou e os grandes grupos econômicos se expandiram, passando a operar em diversos países.

Dadas as relações entre empresas do mesmo grupo é possível haver planejamento dos preços praticados podendo gerar diversos reflexos.

A partir da manipulação dos preços, as empresas multinacionais conseguem ser predatórias no mercado, de modo a prejudicar as concorrentes por potencialmente praticarem valores abaixo do preço de mercado.

Além disso, por meio do gerenciamento dos preços, as empresas dentro de um grupo econômico superfaturam ou subfaturam a compra e venda

---

[5] Idem, p. 138.

das mercadorias e dos serviços, de forma a possibilitar a gestão e o controle dos resultados da matriz e das sucursais do grupo.

Até a implementação das práticas de Preço de Transferência, era comum que os grupos de empresas multinacionais utilizassem os preços de compra e de venda praticado internamente como artifício para evitar a tributação sobre a renda, de forma que o preço praticado entre as partes fosse artificialmente estipulado, destoando do preço de mercado comum e usual das operações entre empresas independentes, sem predileções.

Com isso, as empresas deixavam de oferecer à tributação as receitas referentes às transações comerciais e financeiras efetuadas intragrupo.

Isso significa que, nas operações de importação e exportação de bens, direitos e serviços, as empresas, respectivamente, superfaturavam e subfaturavam os valores envolvidos, remetendo de forma disfarçada e ilícita os lucros da empresa.

A fim de ilustrar a questão, imaginemos que uma sucursal adquira, da matriz, mercadorias do exterior com preços superfaturados, ou seja, maiores do que os praticados no mercado, pretendendo remeter lucro disfarçado em preço de mercadoria. Isso significa que o preço pago na importação do produto será maior e, portanto, o custo da empresa sucursal será maior, enquanto a receita da matriz no exterior aumenta, tributando o lucro no exterior ao invés de no Brasil.

De outra sorte, é possível que o preço seja subfaturado. Neste caso, a sucursal, por exemplo, efetua a exportação de mercadorias por valor abaixo do praticado no mercado, ou seja, não tributa o lucro normal à operação, transferindo ao exterior a margem auferida com a comercialização da mercadoria.

Este entendimento é compartilhado por Lionel Pimentel Nobre:

> "Diante do fenômeno da globalização, o estabelecimento de preços intragrupo é um fato diário e normal da vida dos grandes conglomerados financeiros mundiais. Basicamente, as empresas multinacionais tendem a criar um mecanismo eficiente de gerenciamento de preços, entre as várias subsidiárias do grupo, de forma a auxiliar a avaliação da eficiência de cada subsidiária ou, em alguns casos, facilitar o subfaturamento (preço sensivelmente menor que o normalmente praticado) ou superfaturamento (preço sensivelmente maior que o normalmente praticado) das operações de importação e exportação operações de financiamento, compra e venda de bens, empréstimos

prestação de serviços, entre outros, realizadas entre as empresas de um mesmo grupo"[6]

Logo, o Preço de Transferência nada mais é do que uma forma de controle a eventual planejamento efetuado pelas multinacionais com a finalidade de efetuar a transferência de valores sem a devida formalidade ou tributação. Senão vejamos o entendimento do Luís Eduardo Schoueri:

> "o valor cobrado por uma empresa na venda ou transferência de bens, serviços ou de propriedade intangível a uma subsidiária ou a empresa a ela relacionada. Tratando-se de preços que não se negociaram em um mercado livre e aberto, podem eles desviar-se daqueles que teriam sido acertados entre parceiros comerciais não relacionados, em transações comparáveis nas mesmas circunstâncias. Em matéria de tributação de renda, o tema assume importância diante da possível distorção provocada nos resultados da empresa, seja porque se lançou a resultado gasto (custo, despesa ou depreciação) maior do que o necessário para a atividade normal da empresa (ato de gestão), seja porque se deixou de alocar ao país resultado ali produzido."[7]

Não bastasse isso, importante frisar que o Preço de Transferência objetiva testar a necessidade de ajuste dos preços praticados entre empresas vinculadas para verificar se o valor negociado corresponde ao montante oferecido pelo e ao mercado livre e independente.

Assim afere Eliane Lamarca Simões Peres:

> "O Preço de Transferência é o preço praticado entre empresas de um mesmo grupo multinacional, de acordo com a respectiva legislação, apurado nas transações com terceiros não-relacionados. As normas inovadoras objeti vam regular as operações praticadas entre pessoas sediadas e domiciliadas no país e pessoas vinculadas residentes e domiciliadas no exterior, pois o preço praticado entre partes relacionadas pode ser influenciado por outras regras que não as de oferta e procura pertinentes aos negócios pactuados entre partes independentes. Os contribuintes que promovem operações nas quais se considera praticado o Preço de Transferência devem demonstrar que este é o praticado no mercado."[8]

---

[6] Nobre, op. cit., p. 83
[7] Apud Nobre, op. cit., p. 83.
[8] Peres, Eliane Lamarca Simões. **O Preço de Transferência e a Harmonização Tributária no Mercosul** – Rio de Janeiro: Lumen Juris, 2002, p. 1.

Vejamos também o entendimento de Vivian de Freitas e Rodrigues de Oliveira:

> "Como se depreende do próprio nome, trata-se de um preço, ou seja, do valor que as partes de uma transação atribuem ao negócio jurídico. O preço, portanto, é a quantia que uma parte paga à outra em um negócio. Deve constar do documento fiscal que materializou a transação e ser reconhecido na escrituração contábil e fiscal de ambas as partes, em se tratando de pessoas jurídicas. O preço de uma operação, quando praticado por partes independentes, é o preço justo, porque obtido por meio de uma negociação de interesses conflitantes, a qual admite que não haja vícios no negócio que permitam uma anulação ou reconhecimento da nulidade."[9]

Por essa razão, o legislador brasileiro editou a Lei nº 9.430 de 1996, que introduziu a metodologia de cálculo do Preço de Transferência.

Referida norma impõe às empresas multinacionais que transacionam com partes relacionadas, bem como com empresas situadas em paraíso fiscal, a necessidade de calcular e apurar o ajuste do Preço de Transferência.

Não só o Brasil, mas também outros tantos países introduziram o conceito de Preço de Transferência na legislação interna, a fim de evitar a bitributação e evasão de receita.

Vejamos o que traz Lionel Pimentel Nobre acerca do tema:

> "Modernamente, a fim de evitar a evasão ou bitributação sobre uma mesma receita, os Estados devem definir um mecanismo racional de tributação dos ganhos reais das empresas e coligadas e controladas de um grupo multinacional. Consequentemente, o Direito Tributário Internacional, por meio do uso de ficções e presunções, tal como seria a aplicação do conceito de "estabelecimento permanente" busca identificar as conexões que apresentam, de forma concreta, uma estratégia empresarial no ciclo produtivo do grupo multinacional, a fim de mensurar e definir o rendimento tributável das unidades econômicas, o eventual tratamento dos prejuízos, a distribuição de dividendos e pagamentos diversos a título de juros, royalties, ou transferências de preços intra-grupo."[10]

---

[9] OLIVEIRA, Vivian de Freitas e Rodrigues de. **Preço de Transferência como norma de ajuste do Imposto sobre a renda** – São Paulo: Noeses, 2015, p. 135.
[10] Apud NOBRE, op. cit., p. 58.

No Brasil, o contribuinte deve calcular por meio de método matemático e objetivo o montante de custo em relação ao preço de venda praticado para verificar se a margem de lucro atribuída é suficiente para ser caracterizada como uma operação a preço "justo", ou seja, uma operação tal como seria caso praticada com parte não relacionada.

A metodologia adotada pelo Brasil, apesar de possuir o mesmo racional aplicado pelas regras internacionais, é diferente do restante do mundo, pois se desvincula da característica subjetiva do negócio principal das empresas, para aplicar uma margem pré-definida.

Conforme leciona Heleno Torres, ainda que a tributação internacional convirja para um sistema harmonizado, cada Estado tem suas particularidades que acabam por distanciar as normas aplicadas por cada país, ainda mais no que diz respeito aos aspectos tributários, uma vez que todos pretendem tributar a renda em seu território.

Senão vejamos o que afere referido autor:

> "É possível que a recente tendência de aproximação e de harmonização das legislações fiscais, na persecução de uma neutralidade fiscal internacional, imponha a formação de um subsistema definido de normas tributárias dotadas de elementos de estraneidade, fundamentando, assim, a autonomia didática do Direito Tributário Internacional. Todavia, no que toca ao Direito Internacional Tributário, isto é praticamente impensável, haja vista não existir espaço para a formação de normas internacionais limitativas do Poder de Tributar dos Estados, cuja ordem e composição semântica das mesmas possibilitem a formação de um subsistema independente do Direito Internacional Público, mesmo se para fins didáticos.[11]

O Brasil optou por seguir uma metodologia própria, distinta do que vinha sendo adotado por outros países que já possuíam regras de Preço de Transferência, as quais eram pautadas pelo princípio do *arm's length*, conforme ressalta Luís Eduardo Schoueri.

> "Inaugurada pela Lei nº 9.430/1996, a disciplina brasileira dos Preços de transferência foi marcada por certa perplexidade. Afinal de contas, não eram numerosas as jurisdições que, na época, já tratavam da matéria. Mais importante, entretanto, é o fato de que a lei brasileira surgia pouco tempo depois de

---

[11] Apud NOBRE, op. cit., pp. 67 e 68.

os integrantes da Organização para Cooperação e Desenvolvimento Econômico – OECD – terem chegado a certo consenso acerca do assunto, firmando posicionamento favorável à adoção do parâmetro *arm's length*, consolidado por meio da publicação de diretrizes (*Guidelines*)".[12]

No mesmo sentido conceitua Edison Carlos Fernandes, ao tratar do referido tema:

> "(...) *Preço de Transferência*, no âmbito da administração financeira, é o valor atribuído aos produtos, serviços e direitos transacionados entre partes que estejam sob um controle comum, podendo ser desde departamentos de uma mesma empresa até empresas pertencentes ao mesmo grupo econômico, passando por relações comerciais que permitam algum tipo de controle, como no caso das representações comerciais exclusivas. Estando sob um controle comum, a fixação desses preços não observa, necessariamente, as condições de mercado aberto, o que permite determina-lo considerando conveniências de incontáveis naturezas, sendo a tributária apenas uma dela".[13]

Nesse sentido, a transação comercial e financeira em que a empresa situada no exterior aumente o preço de venda ou em que a empresa situada no Brasil reduza o preço praticado na exportação de bens, direitos e serviços ao exterior, com o intuito de obter um pagamento de valor maior ou menor do que o valor de mercado, há necessidade de ajuste do Preço de Transferência no cálculo do Imposto de Renda e da Contribuição Social sobre o Lucro líquido.

Os métodos de cálculo de Preço de Transferência são determinados por lei e objetivam assegurar que a precificação adotada pelas partes seja considerada para apurar o lucro real, presumido ou arbitrado, e a base de cálculo da contribuição social sobre o lucro líquido, de forma que os preços praticados se aproximem, tanto quanto o possível, dos preços de mercado.

A legislação pátria previu alguns métodos de cálculo de Preço de Transferência para diferentes situações, possibilitando ao contribuinte utilizar

---

[12] SCHOUERI, Luís Eduardo. **O Princípio *Arm's Length* em um Panorama Internacional**. In SCHOUERI, Luis Eduardo (coord). Tributos e preços de transferência. São Paulo: Dialética, 2013, p. 208.

[13] FERNANDES, Edison Carlos. **Convergência Contábil como Demonstração das Transações *Arm's Length***. In SCHOUERI, Luis Eduardo (coord). Tributos e preços de transferência. São Paulo: Dialética, 2013, p. 53.

o método mais adequado e que, na medida do possível, melhor represente a atividade desempenhada.

A lei definiu, para cada tipo de método de cálculo, um ajuste adequado, por meio do qual é possível efetuar uma comparação entre o preço praticado pelas partes vinculadas (ou localizadas em países com tributação favorecida) e os valores de mercado.

Para tanto, a empresa deverá apurar a média aritmética ponderada dos preços de compra e venda praticados individualmente por produto e compará-lo com o chamado "preço parâmetro", que é calculado por meio da média aritmética ponderada de preços praticados nas transações entre as empresas vinculadas.

O Brasil não é signatário da OECD, entretanto, participa do grupo, dividindo experiências e aprendendo com as novas práticas desenvolvidas e em operação nos outros países, aplicando, conforme suas metas de performance, as regras traçadas pela organização mundial na legislação nacional.

Senão vejamos o que afere Lourival Lopes da Silva acerca do tema:

> "O Brasil não é país-membro da *OECD*, mas adotou nos tratados internacionais para evitar a bitributação que firmou, a Convenção Modelo da *OECD*. Vale lembrar aqui que a metodologia estabelecida para Preço de Transferência adotada pela OECD não deve ser aplicada no Brasil, tendo em vista que o Brasil possui sua própria legislação com metodologia já estabelecida".[14]

Tendo em vista que o Brasil não está submisso às regras da OECD, a legislação brasileira, para fins de cálculo do Preço de Transferência, adota um método de apuração diferente do que é praticado no restante do mundo, sendo que se utiliza de cálculos matemáticos objetivos, baseados no custo de aquisição, preço de venda, acrescido de margens de lucro definidas em Lei para auferir o ajuste de Preço de Transferência, se necessário.

1.3. Empresas vinculadas

Antes de adentrar em maiores detalhes com relação aos métodos de cálculo do Preço de Transferência, faremos uma breve exposição sobre alguns conceitos intrínsecos à discussão, os quais compõem os requisitos legais da legislação para calcular o Preço de Transferência.

---

[14] SILVA, op. cit., p. 25, grifos do autor.

A legislação determina a necessidade de efetuar cálculo de ajuste de Preço de Transferência com relação às operações realizadas entre residentes no Brasil com empresas vinculadas no exterior. Assim, no intuito de definir e conceituar o que seriam as partes relacionadas, a Lei nº 9.430 de 1996, em seu artigo 23, elencou todas as características para definição de parte relacionada, conforme segue:

"Art. 23. Para efeito dos arts. 18 a 22, será considerada vinculada à pessoa jurídica domiciliada no Brasil:

I – a matriz desta, quando domiciliada no exterior;

II – a sua filial ou sucursal, domiciliada no exterior;

III – a pessoa física ou jurídica, residente ou domiciliada no exterior, cuja participação societária no seu capital social a caracterize como sua controladora ou coligada, na forma definida nos §§ 1º e 2º do art. 243 da Lei nº 6.404, de 15 de dezembro de 1976;

IV – a pessoa jurídica domiciliada no exterior que seja caracterizada como sua controlada ou coligada, na forma definida nos §§ 1º e 2º do art. 243 da Lei nº 6.404, de 15 de dezembro de 1976;

V- a pessoa jurídica domiciliada no exterior, quando esta e a empresa domiciliada no Brasil estiverem sob controle societário ou administrativo comum ou quando pelo menos dez por cento do capital social de cada uma pertencer a uma mesma pessoa física ou jurídica;

VI – a pessoa física ou jurídica, residente ou domiciliada no exterior, que, em conjunto com a pessoa jurídica domiciliada no Brasil, tiver participação societária no capital social de uma terceira pessoa jurídica, cuja soma as caracterizem como controladoras ou coligadas desta, na forma definida nos §§ 1º e 2º do art. 243 da Lei nº 6.404, de 15 de dezembro de 1976;

VII – a pessoa física ou jurídica, residente ou domiciliada no exterior, que seja sua associada, na forma de consórcio ou condomínio, conforme definido na legislação brasileira, em qualquer empreendimento;

VIII – a pessoa física residente no exterior que for parente ou afim até o terceiro grau, cônjuge ou companheiro de qualquer de seus diretores ou de seu sócio ou acionista controlador em participação direta ou indireta;

IX – a pessoa física ou jurídica, residente ou domiciliada no exterior, que goze de exclusividade, como seu agente, distribuidor ou concessionário, para a compra e venda de bens, serviços ou direitos;

X – a pessoa física ou jurídica, residente ou domiciliada no exterior, em relação à qual a pessoa jurídica domiciliada no Brasil goze de exclusividade, como agente, distribuidora ou concessionária, para a compra e venda de bens, serviços ou direitos."

As operações entre partes relacionadas, por essência, não podem beneficiar uma das partes de acordo com interesse dos acionistas e administradores, devendo ser tratada como uma operação corrente com parte independente.

Por esse motivo, o instituto do Preço de Transferência atua para verificar e averiguar se as transações entre as partes relacionadas estão "viciadas", ou seja, se há remessa disfarçada de lucros.

Conforme ensina Viviane Prado, há maior facilidade de as empresas integrantes do mesmo grupo econômico abusarem do poder de gestão para mascarar resultados por meio de transações comerciais que não refletem preços e práticas de mercado. Assim aduz referida autora:

> "Nestas transações [entre partes relacionadas], o potencial conflito decorre do possível descompasso entre a decisão que maximizaria o valor da companhia e a decisão que maximizaria o resultado pessoal daqueles que efetivamente têm o poder decisório. Exemplo típico desta situação conflituosa são os contratos entre empresas de um mesmo grupo econômico firmados em condições diferentes das praticadas no mercado, favorecendo os controladores do grupo. Nesta hipótese, o controlador pode auferir benefícios que não são compartilhados com os demais acionistas. As transações com partes relacionadas, portanto, merecem atenção especial por poderem se apresentar como um dos principais caminhos para o abuso do poder de controle."[15]

Por este motivo, o instituto do Preço de Transferência visa neutralizar as operações envolvendo partes relacionadas, de forma que o preço praticado entre as empresas vinculadas seja equivalente aos valores de mercado quando comparada às transações com partes independentes.

Não sendo possível a comparação entre os preços praticados com partes independentes em relação aos valores das operações com empresas relacionadas, há, ainda que de forma não proposital, a evasão de valores, seja na importação, oportunidade em que os valores são remetidos ao exterior,

---

[15] PRADO, Viviane Muller. **Transações com Partes Relacionadas: Estratégias Jurídicas**, Revista de Direito Bancário e de Mercado de Capitais, vol. 46.

seja na exportação, quando os valores podem ser subfaturados, de modo a aumentar o lucro da transação no exterior.

Devido à facilidade de praticar essas operações, o mecanismo de valoração do Preço de Transferência entre partes relacionadas é essencial para regular as transações intragrupo.

No caso do Brasil, o rol de pessoas relacionadas é extenso e pretende incluir qualquer tipo de vínculo que permita às partes qualquer controle ou influência sobre as atividades desempenhadas.

1.4. Paraíso fiscal

O Brasil, extrapolando o escopo pretendido pela metodologia do Preço de Transferência, expandiu o campo de abrangência da regulamentação, a fim de considerar passível de cálculo, não só as operações entre partes relacionadas, mas também, operações realizadas em paraísos fiscais.

Neste sentido, aplica-se o Preço de Transferência às operações com empresas localizadas em países considerados paraísos fiscais, ainda que as partes sejam independentes entre si, fugindo do objetivo pretendido inicialmente pela OECD ao instituir o Preço de Transferência.

Devido à interação entre os países no âmbito internacional, assim como o planejamento efetuado pelas empresas a fim de evitar altas cargas tributárias, alguns países com tributação favorecida tornaram-se alternativa de grandes grupos econômicos, de modo que esses países passaram a ser denominados de paraísos fiscais.

No Brasil, por meio do Preço de Transferência, o legislador pretendeu tributar todas as operações que pudessem representar a evasão de divisas. Inclusive as operações com empresas residentes nos denominados paraísos fiscais, ainda que as companhias não estejam operando com partes relacionadas.

Neste sentido, quando o legislador brasileiro introduziu o Preço de Transferência no ordenamento jurídico, ele se preocupou em incluir as empresas oriundas de paraísos fiscais no rol de operações submetidas ao ajuste de Preço de Transferência, senão vejamos o caput e o § 4º do artigo 24 da Lei nº 9.430 de 1996.

> "Art. 24. As disposições relativas a preços, custos e taxas de juros, constantes dos arts. 18 a 22, aplicam-se, também, às operações efetuadas por pessoa física ou jurídica residente ou domiciliada no Brasil, com qualquer pessoa física ou jurídica, ainda que não vinculada, residente ou domiciliada em país

que não tribute a renda ou que a tribute a alíquota máxima inferior a vinte por cento.

§ 4º Considera-se também país ou dependência com tributação favorecida aquele cuja legislação não permita o acesso a informações relativas à composição societária de pessoas jurídicas, à sua titularidade ou à identificação do beneficiário efetivo de rendimentos atribuídos a não residentes."

Como é possível notar, a norma aplica as disposições do cálculo de Preço de Transferência às operações com pessoas jurídicas ou física estabelecidas em país de tributação favorecida, ainda que as empresas não sejam partes relacionadas, de forma a considerar paraíso fiscal países que não tributem a renda ou que tribute a renda com alíquota inferior a vinte por cento.

Não bastasse isso, seguindo a mesma linha de raciocínio, a lei que trata do Preço de Transferência no artigo 24-A também considera país com tributação privilegiada os que se enquadrem nas seguintes situações:

"Art. 24-A. Aplicam-se às operações realizadas em regime fiscal privilegiado as disposições relativas a preços, custos e taxas de juros constantes dos arts. 18 a 22 desta Lei, nas transações entre pessoas físicas ou jurídicas residentes e domiciliadas no País com qualquer pessoa física ou jurídica, ainda que não vinculada, residente ou domiciliada no exterior.

Parágrafo único. Para os efeitos deste artigo, considera-se regime fiscal privilegiado aquele que apresentar uma ou mais das seguintes características:

I – não tribute a renda ou a tribute à alíquota máxima inferior a 20% (vinte por cento);

II – conceda vantagem de natureza fiscal a pessoa física ou jurídica não residente:

a) sem exigência de realização de atividade econômica substantiva no país ou dependência;

b) condicionada ao não exercício de atividade econômica substantiva no país ou dependência;

III – não tribute, ou o faça em alíquota máxima inferior a 20% (vinte por cento), os rendimentos auferidos fora de seu território;

IV – não permita o acesso a informações relativas à composição societária, titularidade de bens ou direitos ou às operações econômicas realizadas."

Considerando a análise efetuada à legislação pátria, resta cristalina a intenção das autoridades fiscais brasileiras em tributar toda e qualquer operação com entidades no exterior no limite de sua jurisdição, ou seja, o objetivo da legislação é garantir que toda e qualquer renda gerada tenha sua tributação devidamente reconhecida no Brasil.

Esses são os motivos que levam o Brasil a distorcer o conceito do Preço de Transferência para aplicar a metodologia de cálculo de ajuste e majorar a base de cálculo do imposto de renda nas operações envolvendo partes localizadas em países com tributação favorecida ou que oferece benefícios fiscais que ultrapassem os limites da norma.

2. O preço de transferência na exportação no Brasil e na OECD

O Preço de Transferência de bens, serviços e direitos na importação e na exportação possui grande relevância no cenário atual, estando em constante debate e discussão.

Entretanto, no presente estudo, focaremos nas características do Preço de Transferência, bem como sua metodologia de cálculo, exclusivamente com relação às exportações.

2.1. O preço de transferência na exportação no brasil

Conforme já mencionado anteriormente, o Preço de Transferência no Brasil é tratado pela nº Lei 9.430 de 1996, a qual dispõe acerca dos principais aspectos e conceitos referentes à aplicação dos métodos de cálculo do instituto em questão.

Ainda, a Receita Federal do Brasil, no intuito de esclarecer sua interpretação acerca da Lei nº 9.430 de 1996, editou a Instrução Normativa RFB nº 1.312 de 2012, que contém maiores detalhes e esclarecimentos acerca do Preço de Transferência.

O Preço de Transferência na exportação é aplicado sobre a receita obtida em razão das operações realizadas entre pessoas vinculadas se o preço de venda praticado com a parte relacionada for inferior a 90% (noventa por cento) do valor praticado com partes independentes no mercado nacional com relação aos mesmos bens, serviços e direitos no mesmo período e em condição análoga, conforme preceitua o artigo 19 da referida Lei que trata do Preço de Transferência:

> "Art. 19. As receitas auferidas nas operações efetuadas com pessoa vinculada ficam sujeitas a arbitramento quando o preço médio de venda dos bens, serviços ou direitos, nas exportações efetuadas durante o respectivo período de apuração da base de cálculo do imposto de renda, for inferior a noventa

por cento do preço médio praticado na venda dos mesmos bens, serviços ou direitos, no mercado brasileiro, durante o mesmo período, em condições de pagamento semelhantes."

O arbitramento previsto no artigo 19 refere-se ao ajuste de Preço de Transferência, ou seja, adiciona-se à base tributável do Imposto de renda (IR) e da Contribuição Social sobre o Lucro Líquido (CSLL) o montante do ajuste calculado de acordo com os métodos previstos na legislação.

Nesse sentido, não podemos deixar de fazer um paralelo com o artigo 148 do Código Tributário Nacional (CTN), o qual trata do arbitramento de valor ou preço de bens, direitos, serviços ou atos jurídicos para composição de base de cálculo de tributos quando houver omissão ou desconfiança com relação à idoneidade das declarações e informações prestadas. Senão vejamos:

> "Art. 148. **Quando o cálculo do tributo tenha por base**, ou tome em consideração, **o valor ou o preço de bens, direitos, serviços** ou atos jurídicos, **a autoridade lançadora, mediante processo regular, arbitrará aquele valor ou preço, sempre que sejam omissos ou não mereçam fé as declarações ou os esclarecimentos prestados, ou os documentos expedidos pelo sujeito passivo ou pelo terceiro legalmente obrigado**, ressalvada, em caso de contestação, avaliação contraditória, administrativa ou judicial." (grifos nossos)

Essa relação faz parecer-nos, no que tange à regulamentação da exportação na legislação do Preço de Transferência, que as operações realizadas com partes vinculadas são, por natureza, eivadas de vícios e manipulação com objetivo meramente tributário.

Ou seja, parece-nos que a autoridade legislativa esquece que as operações entre partes relacionadas podem se dar de forma regular e a variação dos preços praticados, não necessariamente, possuem o condão de evasão de tributos, mas por motivos naturais do mercado, tais como competitividade, expansão de mercado, entre outros aspectos extrafiscais, o que descaracterizaria, conceitualmente falando, o arbitramento de receita.

A legislação estipula que o preço de venda praticado com empresas vinculadas nas operações de exportação deve ser comparado com o valor comercializado no mercado local para testar se existe benefício superior a 10% (dez por cento) entre o preço praticado com parte relacionada e partes independentes no mercado nacional.

Entretanto, nem todas as empresas possuem vendas no mercado local para possibilitar a comparação nos termos da lei.

Nestes casos, a legislação preceitua que o preço praticado deverá ser comparado com outras empresas que operem a venda de bens, serviços ou direitos nos mesmos moldes no mercado brasileiro, senão vejamos:

> "§ 1º Caso a pessoa jurídica não efetue operações de venda no mercado interno, a determinação dos preços médios a que se refere o caput será efetuada com dados de outras empresas que pratiquem a venda de bens, serviços ou direitos, idênticos ou similares, no mercado brasileiro.
>
> I – no mercado brasileiro, deverá ser considerado líquido dos descontos incondicionais concedidos, do imposto sobre a circulação de mercadorias e serviços, do imposto sobre serviços e das contribuições para a seguridade social – COFINS e para o PIS/PASEP;
>
> II – nas exportações, será tomado pelo valor depois de diminuído dos encargos de frete e seguro, cujo ônus tenha sido da empresa exportadora."

Realizada a comparação mencionada acima e confirmado que o preço pactuado com a empresa vinculada na exportação de bens, serviços e direitos é inferior a 90% (noventa por cento) do valor praticado com o mesmo escopo e em condições semelhantes no mercado local, as receitas das exportações serão determinadas aplicando-se um dos métodos previstos na lei.

Vejamos o que elucida Lionel Pimentel Nobre:

> "As regras aplicáveis ao controle de exportações visam a comparar o preço cobrado do exterior com um preço semelhante nacional, para depois, então, eleger uma forma de cálculo do "preço parâmetro" e um método de ajuste mais aplicável ao caso concreto. Lembramos que no caso da exportação a empresa brasileira "supostamente" deixou de reconhecer uma receita tributável para fins de IRPJ e CSL."[16]

Além disso, importante mencionar que a referida comparação para aferir o preço praticado no mercado nacional só poderá ser considerada com relação às operações entre partes não relacionadas.

---

[16] Nobre, op. cit., p. 156.

Não bastasse isso, para obter o preço líquido passível de confronto da operação de exportação com parte relacionada e a transação com terceiros no mercado nacional, é preciso excluir do preço o valor relativo aos descontos incondicionais, bem como ao Imposto sobre Operações relativas à Circulação de Mercadorias e Prestação de Serviços de Transporte Interestadual e Intermunicipal e de Comunicação (ICMS), ao Programa de Integração Social (PIS), ao Programa de Assistência aos Servidores Públicos (PASEP) e à Contribuição para o Financiamento da Seguridade Social (COFINS), além das despesas com frete e seguro assumidas pelo exportador.

Introduzido o conceito do Preço de Transferência na exportação, passemos aos métodos de cálculo que podem ser aplicados para determinação do ajuste relativo ao Preço de Transferência.

2.2. Métodos de cálculo
2.2.1. *PVEx (Preço de Venda nas Exportações)*

O método Preço de Venda nas Exportações ("PVEx") é representado pela média aritmética relativa aos preços de venda nas operações de exportação praticados com empresas não vinculadas e fora de paraíso fiscal, bem como pela média de preços de exportação de outra empresa exportadora, ou seja, aplica-se a comparação de preços de mercado e o praticado entre empresas vinculadas.

Assim dispõe o diploma normativo:

> "I – Método do Preço de Venda nas Exportações – PVEx: definido como a média aritmética dos preços de venda nas exportações efetuadas pela própria empresa, para outros clientes, ou por outra exportadora nacional de bens, serviços ou direitos, idênticos ou similares, durante o mesmo período de apuração da base de cálculo do imposto de renda e em condições de pagamento semelhantes;"

Nesse método, a empresa confronta o preço praticado com parte vinculada com o preço praticado entre empresas independentes, de acordo com as praticas de livre comércio do mercado, a fim de verificar se a operação entre partes relacionadas está dentro do percentual permitido por lei para ser considerada uma transação comercial a preço de mercado, ou seja, a preço "justo".

2.2.2. PVA (Preço de Venda por Atacado)

Há, também, o Preço de Venda por Atacado ("PVA") no país de destino, por meio do qual a empresa apura a média aritmética dos preços de venda de itens que são vendidos no mercado atacadista do país de destino e compara com os valores praticados nas exportações com partes relacionadas.

Dispõe referido normativo:

> "II – Método do Preço de Venda por Atacado no País de Destino, Diminuído do Lucro – PVA: definido como a média aritmética dos preços de venda de bens, idênticos ou similares, praticados no mercado atacadista do país de destino, em condições de pagamento semelhantes, diminuídos dos tributos incluídos no preço, cobrados no referido país, e de margem de lucro de quinze por cento sobre o preço de venda no atacado;"

Nesse caso, há a comparação do preço de aquisição do bem no mercado interno do destinatário em relação ao preço exportado por parte relacionada. Na referida metodologia, deve ser excluído do preço comparado do mercado do destinatário os tributos do país em que o importador opera, além de margem de lucro de quinze por cento sobre o preço de venda no atacado.

2.2.3. PVV (Preço de Venda a Varejo)

É também possível utilizar como metodologia o Preço de Venda a Varejo ("PVV") no país de destino, o qual se assemelha com o método denominado PVA, no qual é feita a média aritmética do preço de venda do mercado varejista do país de destino para comparar com o preço de exportação praticado entre partes relacionadas, deduzida a tributação incidente sobre o preço e de margem de lucro de 30% (trinta por cento) sobre o preço de venda no varejo.

Senão vejamos o que determina o referido normativo:

> "III – Método do Preço de Venda a Varejo no País de Destino, Diminuído do Lucro – PVV: definido como a média aritmética dos preços de venda de bens, idênticos ou similares, praticados no mercado varejista do país de destino, em condições de pagamento semelhantes, diminuídos dos tributos incluídos no preço, cobrados no referido país, e de margem de lucro de trinta por cento sobre o preço de venda no varejo;"

2.2.4. CAP (Custo de Aquisição ou de Produção mais Tributos e Lucro)

Temos também a metodologia denominada Custo de Aquisição ou de Produção ("CAP") mais Tributos e Lucros, na qual é definida a média aritmética dos custos de aquisição ou de produção, adicionando-se a tributação incidente no Brasil, acrescida de margem de lucro de 15% (quinze por cento) para comparar com o preço praticado nas exportações e verificar a necessidade de ajuste de Preço de Transferência.

Vejamos a legislação acerca do tema:

> "IV – Método do Custo de Aquisição ou de Produção mais Tributos e Lucro – CAP: definido como a média aritmética dos custos de aquisição ou de produção dos bens, serviços ou direitos, exportados, acrescidos dos impostos e contribuições cobrados no Brasil e de margem de lucro de quinze por cento sobre a soma dos custos mais impostos e contribuições."

2.2.5. Pecex (Preço sob Cotação na Exportação)

Por fim, existe a metodologia de cálculo denominada Preço sob Cotação na Exportação ("Pecex"), a qual é aplicada, exclusivamente, no mercado de *commodities*.

Neste método, a definição de média de preço é feita com base na cotação dos bens e direitos negociados em bolsa de valores ou preços públicos.

Senão vejamos o que determina a legislação:

> "§ 9º Na hipótese de exportação de commodities sujeitas à cotação em bolsas de mercadorias e futuros internacionalmente reconhecidas, deverá ser utilizado o Método do Preço sob Cotação na Exportação – PECEX, definido no art. 19-A.
>
> Art. 19-A. O Método do Preço sob Cotação na Exportação – PECEX é definido como os valores médios diários da cotação de bens ou direitos sujeitos a preços públicos em bolsas de mercadorias e futuros internacionalmente reconhecidas."

2.3. Princípio *Arm's Length* e o preço de transferência na OECD

O princípio *Arm's Length* é um conceito aplicado no Direito Internacional que baseia e sustenta o racional relativo ao Preço de Transferência.

É por meio deste princípio que se pretende equilibrar as relações entre partes relacionadas para evitar a evasão de divisas dentro dos grandes grupos internacionais.

O Glossário constante no *OECD Transfer Princing Guidelines* conceitua o princípio do *Arm's Length* da seguinte forma:

> "The international standard that OECD member countries have agreed should be used for determining transfer prices for tax purposes. It is set forth in Article 9 of the OECD Model Tax Convention as follows: where "conditions are made or imposed between the two enterprises in their commercial or financial relations which differ from those which would be made between independent enterprises, then any profits which would, but for those conditions, have accrued to one of the enterprises, but, by reason of those conditions have not so accrued, may be included in the profits of that enterprise and taxed accordingly"."[17]

Historicamente, de acordo com informações de estudiosos no assunto, o princípio do *Arm's Length* surgiu na Idade Média nas relações mercantis entre cavaleiros, os quais, ao lidarem com partes desconhecidas, mantinham sempre uma distância segura do negociante para poder contra-atacar em caso de serem atacados.

Diferente do tratamento com outros cavaleiros já conhecidos, com os quais não havia a necessidade de manter nenhuma distância para manter a segurança, pois eram pessoas com vínculo de confiança.

Senão vejamos os comentários de Lionel Pimentel Nobre.

> "(...) o arm's length principle nasceu na Idade Média, pois os cavaleiros ao negociarem com estranhos sempre mantinham uma distância "saudável" distância de um braço para ter tempo para sacar uma espada caso fossem surpreendidos. Se o negócio fosse realizado com um conhecido, os cavaleiros não mantinham tanta distância, pois já estavam familiarizados um com o outro. Logo, um negócio com um conhecido não respeitava o arm's length principle."[18]

---

[17] "O padrão internacional que os países membros da OECD concordaram deve ser usado para determinar o Preço de Transferência para fins tributários. O Artigo 9 das convenções de modelo tributário estabelece o que segue: onde "condições são feitas ou impostas entre duas empresas nas suas relações comercial e financeira, o que difere daqueles que seriam feitos entre partes independentes, então qualquer lucro que seria, excetos para essas condições, acumulada por uma das empresas, mas, por motivo das condições não foi acumulado, deve ser incluído nos lucros daquela empresa e ser devidamente tributados"." (tradução livre).

[18] NOBRE, op. cit., p. 91.

O racional do princípio do *Arm's Length*, em linhas gerais, preceitua que a comparação a ser feita para aferir a necessidade de ajuste de Preço de Transferência deve levar em consideração operações com partes não relacionadas, ou seja, o preço "justo" que seria comercializado no mercado, caso as partes fossem independentes e autônomas.

Senão vejamos os comentários dos advogados norte americanos, Thomas M. Haderlein e Gregg D. Lemein, especialistas em Preço de Transferência nos Estados Unidos da América:

> "The first and overriding principle has been that transactions between commonly controlled parties are to be conducted at arm s length This simply means that the transaction should have the substantive financial characteristics of a transaction between uncontrolled parties, each equally capable of representing its position and each dealing with the other as a stranger."[19]

Em que pese o princípio do *Arm's Length* representar operações efetuadas entre partes independentes, conforme seria praticado no mercado, é importante frisar que esse princípio não condena as operações entre partes relacionadas, nem pressupõe que as atividades entre empresas vinculadas são eivadas de vícios.

Muito pelo contrário, o princípio do *Arm's Length* em sua aplicação deve levar em consideração o contexto em que a empresa está inserida, bem como entender os aspectos econômicos e mercadológicos peculiares de cada ambiente, como atesta o guia *OECD Transfer Princing Guidelines*:

> "Arm's length prices may vary across different markets even for transactions involving the same property or services; therefore, to comparability requires that the markets in which the independent and associated enterprises operate do not have differences that have a material effect on price or that appropriate adjustments can be made. As a first step, it is essential to identify the relevant market or markets taking account of available substitute goods services. Economic circumstances that may be relevant to determining market

---

[19] "O primeiro e primordial princípio foi que as transações entre partes comumente controladas devem ser conduzidas de acordo com o *Arm's length*. Isto significa simplesmente que a transação deve ter as características financeiras substanciais de uma transação entre partes não relacionadas, cada uma delas igualmente capaz de representar sua posição e cada negociação com o outro como se fosse um estranho." (tradução livre). Apud NOBRE, op. cit., pp. 92 e 93.

comparability include the geographic location; the size of the markets; the extent of competition in the markets and the relative competitive positions of the buyers and sellers; the availability (risk thereof) of substitute goods and services; the levels of supply and demand in the market as a whole and in particular regions, if relevant; consumer purchasing power; the nature and extent of government regulation of the market; costs of production including the costs of land, labour, and capital; transport costs; the level of the market (e.g. retail or wholesale); the date and time of transactions; and so forth. The facts and circumstances of the particular case will determine whether differences in economic circumstances have a material effect on price and whether reasonably accurate adjustments can be made to eliminate the effects of such differences, see paragraph 1.38."[20]

Isso significa que o princípio em questão deve ser aplicado de forma coerente, não devendo considerar somente o preço praticado nas operações intragrupo, mas, também, as características extrafiscais da transação, como, por exemplo, se há fornecedores locais que podem suprir a demanda de contratação, como estão as economias dos países de origem e destino, para que seja possível comparar o preço praticado.

---

[20] "Os preços do *Arm's Length* podem variar em diferentes mercados, mesmo para transações envolvendo a mesmos bens ou serviços; Portanto, a comparabilidade exige que os mercados em que operam as empresas independentes e associadas não tenham diferenças que tenham um efeito relevante no preço ou que os ajustes apropriados possam ser feitos. No primeiro passo, é essencial identificar o mercado ou os mercados relevantes, tendo em conta os serviços disponíveis de substituição. As circunstâncias econômicas que podem ser relevantes para determinar a comparabilidade do mercado incluem a localização geográfica; o tamanho dos mercados; a extensão da concorrência nos mercados e as posições competitivas relativas dos compradores e vendedores; a disponibilidade (risco relacionado) de bens e serviços de substituição; os níveis de oferta e de demanda no mercado como um todo e em regiões específicas, se relevante; o poder de compra do consumidor; a natureza e a extensão da regulamentação governamental do mercado; os custos de produção, incluindo os custos de terra, mão-de-obra e capital; os custos de transporte; o nível do mercado (por exemplo, varejo ou atacado); a data e hora das transações; e assim por diante. Os fatos e as circunstâncias do caso particular determinarão se as diferenças nas circunstâncias econômicas têm um efeito material sobre o preço e se os ajustes razoavelmente precisos podem ser feitos para eliminar os efeitos de tais diferenças, conforme item 1.38." (tradução livre). Disponível em http://www.keepeek.com/Digital-Asset-Management/oecd/taxation/oecd-transfer-pricing-guidelines-for-multinational-enterprises-and-tax-administrations-2010_tpg-2010-en#.WUkJhOsrKig#page1. Acesso em 20/04/2017.

As diferentes realidades econômicas e mercadológicas podem afetar diretamente a comparação, portanto, a análise do preço praticado entre empresas vinculadas é efetuada caso a caso de acordo com o tipo de mercado em que a empresa está inserida e com suas peculiaridades, sob pena de condenar determinados segmentos de mercado a altas e insustentáveis cargas tributárias.

A adoção do referido princípio reflete exatamente o objetivo proposto pela metodologia de Preço de Transferência. Isto é, permite que as partes transacionem de forma a visar operações a preço de mercado, como se fossem partes independentes, sem vedar a possibilidade de as multinacionais negociarem com empresas relacionadas.

Vejamos o que estabelece o guia da *OECD Transfer Princing Guidelines*:

"There are several reasons why OECD member countries and other countries have adopted the arm's length principle. A major reason is that the arm's length principle provides broad parity of tax treatment for members of MNE groups and independent enterprises Because the arm's length principle puts associated and independent enterprises on a more equal footing for tax purposes, it avoids the creation of tax advantages or disadvantages that would otherwise distort the relative competitive positions of either type of entity. In so removing these tax considerations from economic decisions, the arm's length principle promotes the growth of international trade and investment."[21]

Neste sentido, o princípio do *Arm's Length* significa permitir que as operações entre empresas do mesmo grupo possam ser realizadas sem favorecer ou desfavorecer as partes relacionadas, bem como as partes independentes, o que promove o crescimento das transações internacionais, beneficiando todos os países envolvidos.

---

[21] "Existem muitas razões que justificam a adoção do princípio do *Arm's Legnth* pelos países membros da OECD. A principal razão é que o princípio do *Arm's Length* oferece ampla paridade de tratamento tributário para os membros dos grupos MNE e empresas independentes. Uma vez que o princíio do arm's length coloca as partes vinculadas e independentes em uma situação mais igual para fins tributários, o que evita a criação de vantagens ou desvantagens tributárias que iriam, de outra forma, distorcer a relativa posição de competitividade de cada tipo de entidade. Ao excluir essas considerações tributárias de decisões econômicas, o princípio do Arm's length promove o crescimento dos acordos internacionais e investimentos." (tradução livre). Disponível em http://www.keepeek.com/Digital-Asset-Management/oecd/taxation/oecd-transfer-pricing-guidelines-for-multinational-enterprises-and-tax-administrations-2010_tpg-2010-en#.WUkJhOsrKig#page1. Acesso em 20/04/2017.

3. Comentários à legislação de preço de transferência no Brasil face às orientações da OECD

Conforme relatado anteriormente, a OECD, com base em muito estudo e compartilhamento de ideia entre países, desenvolveu uma metodologia de ajuste ao Preço de Transferência, pautada no princípio do *Arm's Length*, pretendendo evitar operações que resultem em evasão de divisas sem o devido reconhecimento e tributação da renda.

Por meio de um manual de orientações, a OECD tratou de explicar e listar os métodos de cálculo aplicáveis aos países integrantes da organização, bem como a forma de apresentação dessas informações, tendo como principal objetivo promover o tratamento paritário entre as empresas e, também, possibilitando a tributação adequada entre os países, incentivando o crescimento mundial.

Atualmente, 35 países são membros da referida organização[22], adotando as orientações da OECD relativas ao Preço de Transferência como regra para determinação dos preços praticados e ajustes necessários no imposto de renda.

Apesar de o Brasil não ser integrante da OECD, ele adota, parcialmente, na medida de seu interesse, os conhecimentos e orientações do guia da OECD para determinação e cálculo do Preço de Transferência, tendo adotado parcialmente as políticas desenvolvidas pelo referido organismo, adaptando-as à sua própria filosofia e modelo tributário.

Enquanto a OECD aplica métodos de comparação de preços com base em demonstrações e estudos, permitindo diversos meios de prova que atestem que o preço praticado entre partes relacionadas é um preço "justo" de mercado, o Brasil optou por pressupor que o contribuinte pratica invariavelmente operações viciadas com partes relacionadas, de forma a incluir no texto normativo, inclusive operações ocorridas com empresas situadas em paraísos fiscais, ainda que sejam partes independentes, com único intuito arrecadatório.

Vejamos os ensinamentos de Lionel Pimentel Nobre sobre o tema:

> "Vale ressaltar ainda a característica de presunção absoluta contida no art. 24 da Lei nº 9.430/96, relativa a operações com países de tributação favore-

---

[22] Austrália, Áustria, Bélgica, Canadá, Chile, República Tcheca, Dinamarca, Estônia, Finlândia, França, Alemanha, Grécia, Hungria, Islândia, Irlanda, Israel, Itália, Japão, Coréia, Letônia, Luxemburgo, México, Holanda, Nova Zelândia, Noruega, Polônia, Portugal, Eslováquia, Eslovênia, Espanha, Suíça, Suécia, Turquia, Reino Unido e Estados Unidos da América.

cida. Nesse caso, com base no mero fato de que uma empresa brasileira está realizando uma operação com um país de tributação favorecida (como, por exemplo, o Chile), autoridades fiscais presumem que houve uma "prática lesiva aos interesses nacionais de transferência de resultados para o exterior mediante a manipulação dos preços pactuados nas importações ou exportações de bens, serviços e direitos"[23]

A norma brasileira não guarda relação lógica com o controle de Preço de Transferência conceituado pela OECD, tratando, inclusive, de forma discriminatória as empresas que operam em países considerados como paraísos fiscais, ainda que com parte independente, apenas em função de sua localização, partindo da presunção de que o preço praticado entre empresas autônomas em paraísos fiscais seria manipulado, destoando dos preços de mercado, o que não nos parece fazer sentido.

Vejamos o que afere Lionel Pimentel Nobre sobre esta questão:

> "É possível entender a lógica de considerar como pessoa vinculada a matriz ou filial de uma empresa brasileira, dado o fato de que essa relação societária poderá ensejar a utilização do mecanismo de planejamento fiscal via transfer pricing que a lei brasileira visa coibir. Todavia, essa mesma lógica inexiste no caso de duas empresas sem qualquer vínculo societário, administrativo, de exclusividade, de sangue ou parentesco serem consideradas vinculadas baseado, simplesmente em sua localização. Sem entrar mais na discussão que parece clara, o art. 24 da citada Lei, além de conter os demais vícios relativos à utilização das presunções absolutas no direito tributário, fere o princípio da isonomia, pois operações iguais àquela referida com o Chile, mas com a China, por exemplo, não estarão sujeitas a qualquer controle de transfer pricing no Brasil."[24]

Note que o tratamento de empresas iguais de forma diferente, unicamente em função de sua localização física, fere o princípio constitucional da isonomia[25].

---

[23] NOBRE, op. cit., p. 212.
[24] Idem, p. 213.
[25] "Art. 5º Todos são iguais perante a lei, sem distinção de qualquer natureza, garantindo-se aos brasileiros e aos estrangeiros residentes no País a inviolabilidade do direito à vida, à liberdade, à igualdade, à segurança e à propriedade, nos termos seguintes:(...)".

Não bastasse isso, esta atuação desarrazoada descaracteriza completamente o princípio do *Arm's Length*, que norteia o racional do Preço de Transferência, uma vez que desconsidera a relação entre partes relacionadas, que efetivamente poderiam manipular preços, do controle de Preço de Transferência.

Nesse sentido, a legislação desconsidera as peculiaridades dos diferentes mercados e economias que podem acarretar em preços distintos, ainda que pactuados com partes independentes e preocupa-se em tributar a operação, invertendo o ônus da prova, de forma que o contribuinte precise provar que o preço praticado com parte vinculada é um valor de mercado, o que nem sempre é possível.

Da mesma forma é o tratamento dado pela legislação brasileira ao controle de Preço de Transferência, no qual o contribuinte necessita produzir provas para atestar que o preço praticado entre partes relacionadas são valores de mercado.

Isso significa que o fisco deduz que as empresas relacionadas praticam, entre si, preços sempre manipulados que não condizem com os preços de mercado, cumprindo à empresa situada no território brasileiro constituir prova para demonstrar ao fisco que o preço praticado nas operações intra grupo são "justos" em relação ao mercado.

Além disso, o Decreto nº 70.235 de 1972, que regulamenta o processo administrativo federal, estipula no artigo 9 que o auto de infração ou o lançamento deverão ser adequadamente instruídos com provas que evidenciem o ato ilícito praticado pelo contribuinte, vejamos o dispositivo:

> "Art. 9º A exigência do crédito tributário e a aplicação de penalidade isolada serão formalizados em autos de infração ou notificações de lançamento, distintos para cada tributo ou penalidade, os quais deverão estar instruídos com todos os termos, depoimentos, laudos e demais elementos de prova indispensáveis à comprovação do ilícito."

A legislação do Preço de Transferência, na contramão do que prevê a legislação federal do processo administrativo, exige que o contribuinte produza prova de que **não** pratica ato ilícito com empresa vinculada, de forma, ao optar por um dos métodos de cálculo previstos, a empresa tem que comprovar o preço praticado.

Assim também entende Eliane Lamarca Simões Peres ao tratar do assunto:

> "O ônus da prova no caso específico de compra e venda de mercadoria por preço irreal cabe ao Fisco e não ao contribuinte Quando se tratar de controle de Preço de Transferência, a exigência do crédito tributário não decorre da autuação em procedimento fiscal regular de constituição de crédito tributário, mas de uma situação que precede a autuação, qual seja, a investigação do preço real, ou objetivo, pago pela importação ou exportação. Nos termos do art. 148 do CTN, o contribuinte pode dispor de todos os meios de prova admitidos. Entretanto, nos termos do art. 21 da Lei nº 9.430/96, o mesmo não se aplica quando se trata de Preço de Transferência. Nisso reside a inconstitucionalidade: a lei ordinária restringe o contraditório e a ampla defesa que a Lei Complementar (CTN) estabelece. Ademais, face à complexidade da comparação exigida pelos diversos métodos, pode-se dizer que se trata de uma prova impossível."[26]

Não bastasse todas as controvérsias e inconsistências apontadas acima, o fisco ainda limita as provas que podem ser produzidas pelo contribuinte, ou seja, só são aceitas como prova de que o preço praticado é o preço justo de mercado, os documentos admitidos pela Lei nº 9.430 de 1996.

De forma que o contribuinte não consegue produzir outros meios de prova no intuito de demonstrar que o preço praticado com as empresas do grupo são valores de mercado, de acordo com as características do negócio da empresa e do ambiente econômico em que atua, não restando alternativa ao contribuinte senão ajustar a base de cálculo do imposto de renda, ainda que o preço praticado seja comparável e comum ao mercado.

O contribuinte deve ter a faculdade de demonstrar por qualquer meio de prova admitido no direito que o relacionamento entre empresas vinculadas é similar e consistente quando comparado a transações com partes independentes. Não sendo razoável que a legislação brasileira estabelece métodos imutáveis que só admitam determinadas provas.

As operações e negócios variam bruscamente de empresa a empresa, de acordo com o mercado em que as multinacionais estão inseridas, razão pela qual entendemos que não é crível que os métodos sejam tão engessados a ponto de impedir que o contribuinte faça provas suficientes para expor e demonstrar o contexto em que atua.

---

[26] Peres, op. cit., p. 147 e 148.

Neste sentido, o guia de orientações relativas ao Preço de Transferência a OECD explica que:

> "Because transfer pricing is not an exact science, it will not always be possible to determine the single correct arm's length price; rather, as Chapter III recognizes, the correct price may have to be estimated within a range of acceptable figures. Also, the choice of methodology for establishing arm's length transfer pricing will not often be unambiguously clear."[27]

Assim, tendo em vista o objetivo arrecadatório da administração tributária brasileira e a utilização de forma equivocada das normas da OECD, que foram emprestadas pelo Brasil no limite de sua conveniência, parece-nos que a regulamentação do Preço de Transferência merece reforma imediata, a fim de garantir ao contribuinte a oportunidade do contraditório e ampla defesa.

Outro ponto que merece ser debatido são as margens de lucro estipuladas pela legislação para efetuar o cálculo do Preço de Transferência nos métodos PVA, PVV e CAP.

A fixação de margens de lucro independente do mercado ou do negócio do contribuinte foge muito da realidade. Cada atividade econômica opera com uma determinada margem de lucro, a qual varia bruscamente de acordo com o mercado e o momento econômico.

Analisemos um caso hipotético para fins didáticos, considerando que uma montadora de veículos conseguisse operar com uma margem de lucro de 15% na exportação, tendo em vista o mercado consumidor e os incentivos fiscais que as industrias automotivas recebem no Brasil, a margem aplicada pela legislação do Preço de Transferência seria coerente.

Entretanto, sabendo que as margens de lucro no mercado variam de acordo com o ramo de atividade, se nós considerarmos que, por exemplo, a produção de calçados possui margem de lucro na exportação de 5% (cinco

---

[27] "Como o Preço de Transferência não é uma ciência exata, não é sempre possível determinar qual modelo correto do princípio *Arm's Length*, ao invés disso, como reconhecido no Capítulo III, o preço correto deve ser estimado dentro de uma variedade de valores. Além disso, a escolha da metodologia para estabelecer o Preço de Transferência *Arm's Length* não será inequívoco e claro frequentemente." (tradução livre). Disponível em http://www.keepeek.com/Digital-Asset-Management/oecd/taxation/oecd-transfer-pricing-guidelines-for-multinational-enterprises-and-tax-administrations-2010_tpg-2010-en#.WUkJhOsrKig#pagel. Acesso em 20/04/2017.

por cento), estaríamos diante de uma situação injusta e desproporcional, em função do ramo de atuação de cada empresa.

Logo, a abordagem matemática adotada pela legislação pátria no intuito de controlar e apurar o Preço de Transferência fere os princípios da igualdade e da isonomia, gerando ao contribuinte uma adição à base de seu imposto de renda sobre um valor fictício que não corresponde à realidade.

Em outras palavras, a legislação afasta a subjetividade inerente aos diferentes ramos de atividade, aplicando método de cálculo baseado em ciências exatas, o que é um paradoxo em relação aos princípios norteadores do Preço de Transferência e do racional do referido instituto.

Pertinente, portanto, mencionar o que pensa Eliane Lamarca Simões Peres sobre este tema:

> "Quanto à presunção ou pré-fixação das margens de lucro, cabe questionar a constitucionalidade dos padrões rígidos estabelecidos pela Lei no 9.430/96 na apuração do Preço de Transferência, pois, na tentativa de impedir a evasão fiscal, a Lei, ao impor a prevalência de um preço objetivo, presume que as empresas vinculadas que negociem entre si o farão por preços não condizentes com a realidade do mercado, estabelecendo, assim, uma base de cálculo do imposto com elementos hipotéticos e não efetivos."[28]

Desta forma, em que pese o Brasil se pautar nas orientações da OECD para legislar sobre o Preço de Transferência na exportação, ele o faz com intuito meramente arrecadatório, não visando o desenvolvimento econômico ou crescimento de investimentos.

Por esta razão, o Preço de Transferência referente às operações de exportação, nos moldes da legislação brasileira, representa um enfraquecimento da participação de empresas nacionais no comércio exterior.

A dificuldade dos demais países em entender e operar no Brasil afasta investimentos e a visibilidade do País como potência econômica.

Analisando do ponto de vista de um estrangeiro, a legislação brasileira é incoerente, pois ao mesmo tempo que se utiliza dos preceitos definidos por organização mundial, refuta todo o racional inerente ao instituto do Preço de Transferência para aplicação de conceito próprio e diferente do resto do mundo com finalidade simplesmente arrecadatória.

---

[28] PERES, op. cit., p. 145.

Consequentemente, a credibilidade e o potencial do mercado de exportação nacional é abalado, o que impede novos negócios e investimentos, prejudicando não só a economia do País, mas, também, toda a população que depende do desenvolvimento das indústrias, comércios e serviços para geração de empregos.

Conclusões

Explorando o conceito do Preço de Transferência, fizemos uma análise das origens e o desenvolvimento do referido instituto no decorrer da história, de forma a ilustrar o avanço do tema e sua importância no Brasil, principalmente, no que diz respeito ao desenvolvimento do comércio internacional.

Em continuidade, apresentamos o conceito do Preço de Transferência, bem como definições de institutos que são intrínsecos ao tema, como empresas relacionadas e paraísos fiscais.

Adentramos ao conceito de Preço de Transferência na exportação à luz da legislação brasileira, explicando seu impacto, sua aplicação prática, bem como as primeiras críticas às arbitrariedades impostas pela legislação brasileira.

Para melhor ilustração dos métodos de cálculo do Preço de Transferência na exportação, abordamos, de forma breve, quais são os critérios de cálculo e como é feita a aplicação de cada método, assim como qual a sua finalidade na prática, a fim de aferir a objetividade e complexidade da metodologia adotada pela legislação.

Tratamos o conceito e o racional relativo ao princípio *Arm's Length,* o qual é a base para todo o desenvolvimento e avanço do Preço de Transferência, abordando a forma que o princípio deve ser interpretado para que o Preço de Transferência cumpra o seu papel econômico e social.

Por fim, tecemos nossos comentários acerca da legislação do Preço de Transferência no Brasil no que diz respeito às orientações e princípios da OECD, expondo as fragilidades do sistema de Preço de Transferência.

Isso porque a metodologia aplicada pelo Brasil inverte o ônus da prova, transferindo ao contribuinte a obrigação de comprovar que opera de forma regular.

Não bastasse isso, a legislação limita as provas que podem ser produzidas pelo contribuinte para fins de cálculo do Preço de Transferência, bem como fixa margem de lucro incompatível com os diferentes ramos do mercado, o que afeta o desempenho das exportações pelo Brasil.

Percorridos os conceitos e exposições relativos aos requisitos e aos métodos de cálculo do Preço de Transferência na exportação e suas diferenças em relação aos princípios do modelo adotado pelos países signatários da OECD, poderemos refletir acerca da ineficiência do modelo de Preço de Transferência adotado no Brasil e suas fragilidades, até porque, a legislação pátria se baseia no regulamento da OECD.

Em que pese a complexidade e a densidade do assunto, bem como as diversas áreas que engloba, tais como juros e empréstimo, não temos a pretensão de esgotar a análise com relação às práticas de Preço de Transferência para questões financeiras, porém, do ponto de vista jurídico-tributário, podemos concluir que a legislação brasileira precisa ser revisada para convergir com o conceito internacional.

Referências

ANDRADE FILHO, Edmar Oliveira. **Imposto de renda das empresas**. 12.ed. rev., ampl. e atual. São Paulo: Atlas, 2016.

ASHIKAGA, Carlos Eduardo Garcia. **Análise de tributação na importação e na exportação de vens e serviços** – São Paulo: Aduaneiras, 2014.

ATALIBA, Geraldo. **Hipótese de incidência tributária**. 6 ed. São Paulo: Malheiros Editores, 2008.

ÁVILA, Márcio Ladeira. **O microssistema das normas antielisivas do direito tributário internacional.** In Rev. Fórum de Direito Tributário, Belo Horizonte, mar./abr. 2015, v.74, p.47-80.

BARRETO, Ana Paula Schincariol Lui / FREITAS, Rodrigo de / DREZZA, Lia Barsi. **A sistemática dos preços de transferência e o entendimento do conselho de contribuintes.** In MATTOS FILHO, VEIGA FILHO, MARREY JR. e QUIROGA ADVOGADOS. Sinopse tributária: 2008. São Paulo: MP, 2008. p.113-128.

BARRETO, Paulo Ayres. **Preços de transferência: a vã tentativa de se encontrar margens ideais.** In Rev. Tributária das Américas, São Paulo, Jan./Jun. 2010, v.1, p.214 – 224.

_____. **Imposto Sobre a Renda e Preço de Transferência.**

BIFANO, Elidie Palma. **Investimentos brasileiros no exterior : os desafios tributários das multinacionais brasileiras.** In TORRES, Heleno Taveira. Direito tributário e ordem econômica: homenagem aos 60 anos da ABDF. São Paulo: Quartier Latin, 2010. p.786-810.

BORDIGNON, José Luiz. **A legislação sobre preços de transferência no Brasil frente ao ordenamento jurídico pátrio e o modelo da OCDE.** In Rev. Fórum de Direito Tributário, Belo Horizonte, jan./fev. 2008, v.31, p.165-201.

CARRAZA, Elizabeth Nazar (Coord.); JESUS, Isabela Bonfá de (Org.). **Atualidades do Sistema Tributário Nacional** – São Paulo: Quartier Latin, 2015.

CARRAZA, Roque Antonio. **Curso de direito constitucional tributário. 23 ed. rev. ampl. e atual. até a emenda constitucional n. 53/2006.** São Paulo: Malheiros Editores, 2007.

CARVALHO, Paulo de Barros. **Derivação e positivação no direito tributário.** São Paulo: Noeses, 2013.

CONGRESS OF THE INTERNATIONAL FISCAL ASSOCIATION, 46, Cancun. **Transfer pricing in the absence of comparable market prices.** Rotterdam: Kluwer Law International, 1992.

CONGRESS OF THE INTERNATIONAL FISCAL ASSOCIATION, Kioto. **Transfer pricing and intangibles.** Rotterdam: Kluwer Law International, 2007.

DUARTE, Sergio Ilidio. **Ocde as Normas de Preços de Transferência.** São Paulo: Editora Saint Paul, 2007.

ECCLES, Robert G. **The Transfer Pricing Problem.** MARYLAND: Lexington Books, 1986.

FERRAZ, Diogo. **O possível conflito entre os preços de transferência e a legislação CFC.** In Rev. Dialética de Direito Tributário, São Paulo, out.2005, v.121, p.22-33.

FERRAZ, Luiz Felipe Centeno / CASTELANO, Gabriela Salomão. **Preços de transferência no ano de 2012: alteração legislativa e jurisprudência sobre o tema.** In MATTOS FILHO, VEIGA FILHO, MARREY JR. e QUIROGA ADVOGADOS. Sinopse tributária: 2012-2013. São Paulo: Impressão Régia, 2013. p.181-197.

FERRAZ, Luiz Felipe Centeno / OLIVEIRA, Nicole Najjar Prado de. **News analysis: inconsistency in Brazilian Courts raises transfer pricing questions.** In Tax Notes International, Falls Church, 28 mar. 2011, v.61, n. 13, p.996.

FERRAZ, Luiz Felipe Centeno / PENIDO, Tatiana Morais. **News analysis: an unexpected ruling in Brazilian transfer pricing case.** Tax Notes International, Falls Church, 10 jan. 2011, v.61, n. 2, p.103.

FONSECA NETO, Dilson Jatahy. **Dos métodos de cálculo do preço de transferência: uma análise das operações envolvendo intangíveis.** In Oliveira, Ricardo Mariz de et al (Coord.). Direito tributário atual. São Paulo: IBDT, Dialética, 2013. 29. p.133-152.

FONSECA, Alessandro Amadeu da / LAULETTA, Andrea Bazzo / GUZMAN, Antonio Carlos Marchetti / MIFANO, Flavio / FERRAZ, Luiz Felipe Centeno. **Brazilian tax perspective.** In MATTOS FILHO, VEIGA FILHO, MARREY JR. e QUIROGA ADVOGADOS. Favorable tax jurisdiction and privileged tax regime. São Paulo: Impressão Régia, 2010. p.17-84.

FREITAS, Vivian De. e OLIVEIRA, Rodrigues De. **Preço de Transferência Como Norma de Ajuste do Imposto Sobre a Renda.** São Paulo: Editora Noeses, 2015.

GONÇALVES, Almir Rogério. **Conceitos, regras e situação atual do transfer price no Brasil.** In Rev. de Direito Mercantil, Industrial, Econômico e Financeiro, São Paulo, abr./jun. 2000, v.118, p.123-134.

GREGÓRIO, Ricardo Marozzi. **Preço de Transferência – Arm's Lenght e Praticabilidade.** São Paulo: Editora Quartier Latin, 2011.

GUIMARÃES, Ariane Costa. **Sistema Tributário Nacional e globalização: análise do controle fiscal dos preços de transferência.** Fortaleza: Gráfica LCR, 2014.

HIGUCHI, Hiromi. **Imposto de Renda das empresas: interpretação e prática: atualizado até 10-01-2014. 39. ed.** – São Paulo: IR publicações 2014.

JESUS, Fernando Bonfá de / JESUS, Isabela Bonfá de. **Tratados internacionais e os efeitos da lei do preço de transferência**. In CARRAZZA, Elizabeth Nazar; JESUS, Isabela Bonfá de. Atualidades do sistema tributário nacional. São Paulo: Quartier Latin, 2015. p.169-176.

MACHADO, Hugo de Brito. **Curso de direito tributário**. 30 ed. rev. atual. e ampl. São Paulo: Malheiros Editores, 2009.

MARTINS, Alexandre Marques da Silva. **Atualidades na relação entre o direito do comércio internacional e o direito tributário internacional**. In Rev. Fórum de Direito Tributário, Belo Horizonte, maio/jun. 2016, v.81, p.97-120.

MATOS, Fernando. **Preços de transferência no Brasil: interpretação e prática da legislação**. São Paulo: Atlas, 1999.

MATTOS FILHO, VEIGA FILHO, MARREY JR. e QUIROGA ADVOGADOS. **Sinopse Tributária 2014 – 2015**. São Paulo: Impressão Régia, 2014.

MELO, José Eduardo Soares de. **Curso de direito tributário**. 10 ed. São Paulo: Dialética, 2012.

MUSA, Simone Dias. **A normalização das operações com jurisdições com tributação favorecida e regimes fiscais privilegiados: uma evolução da legislação tributária brasileira**. In MOSQUERA, Roberto Quiroga. O direito tributário e o mercado financeiro e de capitais. São Paulo: Dialética, 2010. p.352-382.

NEPOMUCENO, F. **Preços de Transferência**. São Paulo: Editora Thomson, 2006.

NOBRE, Lionel Pimentel. **A Globalização e o Controle de Preços Transfer Pricing no Brasil**. Porto Alegre: Editora Pórtico, 2000.

PADOVEZE, Clóvis Luís. **Contabilidade gerencial: um enfoque em sistema de informação contábil**. 7 ed. – São Paulo: Atlas, 2010.

PERES, Eliane Lamarca Simões. **O Preço de Transferência e a Harmonização Tributária no Mercosul**. São Paulo: Editora Lumen Júris, 2002.

PIRES, Adilson Rodrigues. **O preço de transferência e o acordo de valor aduaneiro**. In Rev. Dialética de Direito Tributário, São Paulo, maio/1997, v.20, p.7-18.

Price Waterhouse Coopers. **Preço de Transferência: Transfer Pricing**. São Paulo: Editora Atals, 1998.

REZENDE, Condorcet. **Semana de estudos tributários**. Rio de Janeiro: Renovar, 1999.

ROCHA, Sergio André. **Tributação Internacional** – São Paulo: Quartier Latin, 2013.

RODRIGUES, Deusmar José. **Preço de Transferência**. São Paulo: Editora Quartier Latin, 2006.

SCHOUERI, Luis Eduardo (coord). **Tributos e preços de transferência**. São Paulo: Dialética, 2013.

SCHOUERI, Luis Eduardo (Coord.); FREITAS, Rodrigo de (org.). **Planejamento Tributário e o "Propósito Negocial" – Mapeamento de decisões do Conselho de Contribuintes de 2002 a 2008**. São Paulo: Quartier Latin, 2010.

SCHOUERI, Luis Eduardo, COSTA, Alcides Jorge (Coord.). **Direito tributário atual**. São Paulo: IBDT, Dialética, 2008.

SCHOUERI, Luís Eduardo. **O arm's length como princípio ou como standard jurídico**. In SCHOUERI, Luís Eduardo, BIANCO, João Francisco. Estudos de direito tributário em homenagem ao professor Gerd Willi Rothmann. São Paulo: Quartier Latin, 2016. p.203-230

SCHOUERI, Luis Eduardo. **Preços de transferência no direito tributário brasileiro.** 2 ed. rev. e atual – São Paulo: Dialética, 2006.

_____. **Presunções jurídicas, arm's length e o conceito de custo para fins de preços de transferência.** In ZILVETI, Fernando Aurélio (Coord). Direito tributário atual. São Paulo: IBDT, Dialética, 2014. 31. p.96-116.

SCHOUERI, Luis Eduardo; ROCHA, Valdir de Oliveira. **Tributos e preços de transferência.** São Paulo: Dialética, 1999.

SILVA, Lourival do Lopes da. **Manual do Preço de Transferência: aspectos teóricos e práticos.** 2. ed. – São Paulo: IOB Folhamatic EBS – SAGE, 2014.

TORRES, Heleno Taveira. **Direito tributário internacional aplicado.** São Paulo: Quartier Latin, 2007.

_____. **Direito tributário internacional: planejamento tributário e operações transnacionais.** São Paulo: Revista dos Tribunais, 2001.

TORRES, Ricardo Lobo. **O princípio arm's length, os preços de transferência e a teoria da interpretação do direito tributário.** In Rev. Dialética de Direito Tributário, São Paulo, set./ 1999, v.48, p.122-135.

TROIANELLI, Gabriel Lacerda. **Preço de Transferência: Intangíveis, Acordos de repartição de custos e serviços de grupo.** In SCHOUERI, Luis Eduardo. Tributos e preços de transferência. São Paulo: Dialética, 2009. 3. p.75-92.

VIEIRA, Iure Pontes. **Incompatibilidade entre o direito tributário e o direito da concorrência: análise do controle do preço de transferência.** In Rev. Dialética de Direito Tributário, São Paulo, jan. 2014, v.220, p.62-74.

XAVIER, Alberto. **Pressupostos e limites de aplicação dos métodos de apuração dos preços de transferência da Lei 9430/96 face ao art. 9 dos tratados contra a dupla tributação.** In Rev. de Direito Tributário Internacional, São Paulo, out./2005, v.1, p.17-36.

Preços de Transferência em Contratos de Longo Prazo

Lúcio Breno Pravatta Argentino

1. Introdução ao tema

A temática proposta é componente do âmbito empresarial, em especial após a inserção do Brasil em um contexto de economia de mercado, nos processos de transnacionalização[1] das empresas e da globalização, a partir dos anos 1990.

Em breves linhas, com esse processo, as empresas tornaram-se uma entidade sem vínculo com um determinado país, buscando, dentro das suas operações, ganhos de escala, produtividade e redução de custos.

Nas bem-postas palavras de Jurandi Borges Pinheiro, o termo corporação transnacional passou a ser melhor adequado em relação ao antigo adjetivo multinacional, uma vez que:

> *a)* as empresas multinacionais movimentam-se no mercado internacional em busca de vantagens comparativas [...]; *b)* em decorrência das inovações tecnológicas deste fim de século, a multinacionalização das empresas passou a dar lugar a um processo de transnacionalização, com as seguintes características: *i)* mundialização de estilos, usos e costumes através da uniformização de produtos e massificação cultural; *ii)* capacidade de movimentação instantânea e planetá-

---

[1] LEWANDOWSKI, Enrique Ricardo. **Globalização, regionalização e soberania.** São Paulo: Juarez de Oliveira, 2004.

ria de elevadas somas de investimento; *iii)* concentração empresarial através de fusões, alianças e redes em escala global, resultando desse processo um poder político transnacional, representado pela capacidade de imprimir profundas modificações nas estruturas político-administrativas dos Estados nacionais.[2]

Assim, os processos produtivos, anteriormente concentrados, passaram a se segregar por diversas linhas de produção em vários países, aproveitando-se de incentivos locais para investimentos estrangeiros, bem como de uma flexibilização da mão de obra.

Tributariamente, a globalização não poderia deixar de impactar na renda dos governos. Dessa forma, as empresas, além de buscarem ganhos na própria produção, passaram a engendrar estruturas visando à redução da carga tributária; enquanto grupo econômico, minimizando os impactos fiscais em suas margens de lucro.

Em um exemplo hipotético, suponhamos que uma empresa realize operações em dois países distintos, a saber:

i) **País A**: com alíquota efetiva da renda de 30%; e
ii) **País B**: com alíquota efetiva da renda de 10%.

Ao observarmos, na hipótese, a carga tributária efetiva da renda, é bastante claro que a maximização dos lucros a serem distribuídos a sócios e/ou acionistas passa a concentrar os lucros, que serão tributados, no País B, enquanto as despesas, preferencialmente, devem ser alocadas ao País A.

Dessa forma, por meio da manipulação dos preços praticados nas transações envolvendo bens, direitos e serviços, entre pessoas relacionadas, sediadas nos Países A e B, é possível deslocar a base tributável para a jurisdição mais favorável, isto é, para o País B.

Para entendermos em maiores detalhes essa alocação de custos e receitas, vejamos o exemplo a seguir, tanto para as operações que envolvem importação quanto exportação:

---

[2] PINHEIRO, Jurandi Borges. **Direito tributário e globalização**: ensaio crítico sobre preços de transferência. Rio de Janeiro: Renovar, 2001. p. 4-5.

Operações de importação

País A (Alíquota efetiva - Tributação da renda pessoa jurídica 30%)   País B (Alíquota efetiva - Tributação da renda pessoa jurídica 10%)

- Pagamento de **R$ 500,00** para Cia do País B Ltda., por um produto que poderia ser adquirido por **R$ 130,00**; e
- Concentração de prejuízo no país com maior alíquota efetiva na tributação da renda.

- Custo de produção do bem exportado: **R$ 100,00**;
- Margem de lucro praticada com pessoas não relacionadas: 30%;
- Preço de venda para pessoas não relacionadas: **R$ 130,00**;
- Preço de venda para Cia do País A Ltda: **R$ 500,00**; e
- Concentração de lucro no país com a menor alíquota efetiva na tributação da renda.

Operações de exportação

País A (Alíquota efetiva - Tributação da renda pessoa jurídica 30%)   País B (Alíquota efetiva - Tributação da renda pessoa jurídica 10%)

- Custo de produção do bem exportado: **R$ 100,00**;
- Margem de lucro praticada com pessoas não relacionadas: 30%;
- Preço de venda para pessoas não relacionadas: **R$ 130,00**;
- Preço de venda para Cia do País B Ltda: R$ 50,00; e
- Concentração de prejuízo no país com maior alíquota efetiva na tributação da renda.

- Pagamento de R$ 50,00 para Cia do País B Ltda., por um produto que deveria ser adquirido por **R$ 130,00**; e
- Concentração de lucro no país com a menor alíquota efetiva na tributação da renda

A despeito da relativa simplicidade dos exemplos postos, é exatamente por meio dessa manipulação entre custo e receita que é possível deslocar a base tributável da renda para jurisdições mais favoráveis.

É nesse contexto que se insere o preço de transferência, sendo utilizado por vezes como ferramenta para deslocar a base tributável dos tributos corporativos incidentes sobre a renda nas jurisdições com maior carga tributária, por meio de operações intergrupo que manipulam os preços praticados na venda de bens, serviços e direitos, em padrões anormais de mercado.

É claro que, ao observar esse fenômeno, as diferentes jurisdições tributárias, no exercício de sua soberania, buscaram impedir manipulações deliberadas entre pessoas vinculadas, de forma a controlar os preços de transferência praticados entre pessoas vinculadas, termo que será esmiuçado em detalhes oportunamente.

Globalmente, a Organização para Cooperação e Desenvolvimento Econômico (OCDE) aborda diretrizes gerais para os cálculos de preços de transferência, buscando reduzir o deslocamento da base tributável, no que tem sido recentemente estudado sobre o tema de *base erosion and profit shifting*[3] (BEPS).

Por sua vez, o Brasil, na contramão das diretrizes da OCDE, adotou métodos matemáticos para combater a erosão da base tributária nacional, expressos pela Lei nº 9.430/1996, determinando que eventuais ajustes na importação e na exportação de bens, direitos e serviços, com pessoas vinculadas, seriam determinados por meio da comparação entre o preço praticado e o preço parâmetro, este último calculado de acordo com os métodos previstos na legislação.

Dadas as limitações que o método matemático possibilita, sobretudo em relação às margens de lucro predeterminadas, que podem ou não ocorrer, a experiência brasileira é relativamente bem-sucedida, especialmente em relação aos elevados custos que as análises econômicas, aplicáveis no âmbito da OCDE, prescindem.

Uma vez feita, sem grandes pretensões, a introdução ao tema e ao significado do termo preços de transferência, é válida uma breve introdução ao contexto histórico em que as jurisdições tomaram ciência do problema existente e deram início aos controles dos preços praticados entre pessoas vinculadas.

1.1. Breves considerações sobre a evolução histórica
1.1.1. A experiência global

A preocupação com o controle dos preços de transferência pode encontrar uma gênese no ano de 1932 com a divulgação, pelo antigo Comitê Fis-

---

[3] OECD. **About BEPS and the inclusive framework.** Disponível em: <http://www.oecd.org/tax/beps-about.htm>. Acesso em: dez. 2015.

cal da Liga das Nações, de um estudo com a preocupação da tributação das chamadas companhias multinacionais, destacando a problemática no entendimento das engenharias societárias destas, bem como na mensuração de um valor justo de transferência de bens, serviços, direitos e capitais ao redor do mundo.

O aquecimento da economia global, sobretudo na década de 1960, acalorou esse debate com o crescimento e a consolidação de empresas ao redor do mundo.

Tal fenômeno, inclusive, teve a participação direta dos Estados, na medida em que diversas guerras fiscais foram travadas a fim de atrair o investimento estrangeiro, principalmente com os acenos de benefícios fiscais dos países em desenvolvimento, na tentativa de atrair o fluxo de capital:

> Enquanto os países "importadores" de capital passaram a conceder, para atrair mais investimentos, isenções sobre lucros externos, os países "exportadores" de capital passaram a estabelecer limitações ao diferimento da tributação sobre tais lucros. O resultado disso foi o surgimento de uma verdadeira indústria internacional do planejamento fiscal para assistir as empresas multinacionais na maximização dos lucros através da exploração das diversas oportunidades de elisão fiscal oferecidas por cada país.[4]

Nessa mesma década, no ano de 1962, cabe ressaltar a atividade legislativa tributária norte-americana, que engendrou um mecanismo de distribuição de renda tributável entre empresas relacionadas, excetuando-se tal regra daquelas que provassem a prática de um preço de mercado, que seria realizado entre outras empresas sem qualquer vinculação. Esse mecanismo foi uma emenda legislativa à Seção 482 do *International Revenue Code*.[5]

A referida emenda ocupou-se de criar uma regulamentação para operações bastante relevantes para a temática dos preços de transferência, ao criar cinco categorias distintas nas transações entre empresas coligadas, a saber:

i) empréstimos ou adiantamentos;
ii) serviços;

---

[4] PINHEIRO, Jurandi Borges. **Direito tributário e globalização:** ensaio crítico sobre preços de transferência. Rio de Janeiro: Renovar, 2001. p. 59.
[5] Tradução livre do autor: **Código Tributário Internacional.**

iii) leasing;
iv) propriedade intangível (patentes e *know-how*); e
v) propriedade tangível.[6]

Tal mecanismo norte-americano sofreu, naturalmente, outras alterações ao longo dos anos. Porém, inaugurou, nos estudos dos preços de transferência, um princípio basilar para essas operações: o **arm's length price**.
Tal princípio é consagrado pelo art. 9º do *Model of Tax Convention*[7] proposto pela OCDE:

> Empresas Associadas. 1. Onde *a)* uma empresa de um Estado Contratante participar, direta ou indiretamente, no controle de gestão, ou no capital de uma empresa de outro Estado Contratante, ou *b)* as mesmas pessoas participarem direta ou indiretamente da direção, controle ou capital de uma empresa de um Estado Contratante e de uma empresa do outro Estado Contratante, e em ambos os casos, fazem ou impõem entre estas duas empresas em suas relações comerciais e financeiras, que difiram das que seriam estabelecidas entre empresas independentes, os lucros que, sem essas condições, não foram obtidos por uma das empresas, mas, por causa dessas condições, podem ser incluídos nos lucros dessa empresa e, consequentemente, tributados [...].[8]

Em linhas gerais, esse princípio busca tutelar duas relações distintas advindas dos preços de transferência: a soberania tributária estatal face às operações comerciais entre corporações transnacionais e a justiça fiscal, impedindo o favorecimento tributário de grandes corporações em opera-

---

[6] PINHEIRO, op. cit., p. 60.
[7] Tradução livre do autor: Modelo de Convenção Fiscal.
[8] Tradução livre do autor: "Associated Enterprises. 1. Where *a)* an enterprise an enterprise of a Contracting State participates directly or indirectly in the management, control or capital of an enterprise of the Contracting State, or *b)* the same persons participate directly or indirectly in the management, control or capital of an enterprise of a Contracting State and an enterprise of the other Contracting State and in either case conditions are made or imposed between the two enterprises in their commercial or financial relations which differ from those which would be made between independent enterprises, then any profits which would, but for those conditions, have accrued to one of the enterprises, but, by reason of those conditions, have not so accrued, may be included in the profits of that enterprise and taxed accordingly [...]".
OECD. **Transfer Pricing in the Pharmaceutical Industry:** The Remuneration of Marketing Intangibles. Disponível em: < www.oecd.org/dataoecd/41/44/46019470.pdf >. Acesso em: set. 2012.

ções que divirjam das usualmente praticadas no mercado. Cabe fixar esse entendimento:

> Como as transações entre partes relacionadas ocorrem num contexto distinto daquele definido pelas forças de mercado, os preços praticados nessas transações podem ser diferentes daqueles que seriam determinados pela livre concorrência, conferindo às empresas vinculadas eventual vantagem tributária em comparação com as que estivessem atuando de forma independente e em mercados de livre concorrência, o que afetaria o posicionamento competitivo local e global das empresas e prejudicaria a renda tributária dos países em que operam.[9]

Apesar de não ser possível reduzir o instituto dos preços de transferência nesse único princípio, é partindo dele que é possível tecer uma série de considerações a respeito da aplicabilidade das normas de preços de transferência no Brasil.

Nesse sentido, cabe ressaltar que *arm's length price* brinda a Constituição Federal de 1988 ao tornar aplicável dois princípios constitucionais elementares: os relativos à livre-iniciativa e à livre concorrência.[10]

A manipulação de preços amplia o poder comercial das corporações transnacionais, fazendo com que a atividade empresária de menor porte

---

[9] SILVEIRA, Rodrigo Maito da. O controle de preços de transferência nas exportações. In: BORGES, Alexandre Siciliano; FERNANDES, Edison Carlos; PEIXOTO, Marcelo Magalhães (coords.). **Manual dos Preços de Transferência no Brasil**: celebração dos dez anos de vigência da lei. São Paulo: MP, 2007. p. 115.

[10] BRASIL. Constituição da República Federativa do Brasil de 1988. **Diário oficial da União**, Poder Legislativo, 5 out. 1988. p. 1. Anexo. Disponível em: <http://www.planalto.gov.br/ccivil_03/constituicao/constituicao.htm>. Acesso em: set. 2012.
Art. 1º. A República Federativa do Brasil, formada pela união indissolúvel dos Estados e Municípios e do Distrito Federal, constitui-se em Estado democrático de direito e tem como fundamentos:
I – [...]
IV – os valores sociais do trabalho e da livre iniciativa;
[...] Art. 170. A ordem econômica, fundada na valorização do trabalho humano e na livre-iniciativa, tem por fim assegurar a todos existência digna, conforme os ditames da justiça social observados os seguintes princípios:
I – soberania nacional;
[...]
IV – livre concorrência;

esteja impossibilitada de reduzir custos na mesma escala, resultando, diretamente, em uma perda de competitividade.

Além desse cenário, o ataque à livre concorrência torna ainda mais dificultosa as atividades de empresas que não tenham à mão uma manobra tributária desse porte. A injustiça fiscal é permeada em um cenário de inexistência ou fragilidade desse controle, privilegiando corporações transnacionais e, ainda, possibilitando a escolha das alíquotas estatais que incidirão nos lucros dessas empresas, traduzindo-se em um poder de decisão extremamente relevante em uma economia globalizada.

Após esse ensejo acerca da inserção e da preocupação com o *arm's length price*, na evolução dos estudos e legislações sobre os preços de transferência, a década de 1970 assistiu a uma natural reação aos letárgicos esforços empreendidos pelos Estados.

As até então empresas multinacionais cresceram em importância econômica e política, ganhando o *status* de corporações transnacionais. Já não era possível distinguir uma bandeira para essas empresas e a habilidade delas em transferir bens de natureza corpórea ou não, de acordo com seus interesses, afrontava a soberania tributário de diferentes Estados.

Um exemplo bastante interessante desse poder, e das manipulações de preços nas transações com partes ligadas, elucidado por Jurandi Borges Pinheiro, é o da Roche, empresa farmacêutica, por meio de um estudo realizado pela Comissão Britânica de Monopólios, no ano de 1973.

A Roche, sediada no Reino Unido, realizou, com sua filiada na Suíça, operações de importação de insumos com preços bastante elevados em relação ao mercado comum. Tais insumos eram o *librium* e o *valium*, comprados, respectivamente, da filial suíça pelos valores de £370 por quilo e £922 por quilo. Contrastando com esse cenário, era possível obter os mesmos insumos por meio de empresas italianas por valores de £9 por quilo de *librium* e £20 por quilo de *valium*.

Esse contexto operacional vai ao encontro dos exemplos elucidados no início dessa introdução: manipulação de preços de forma exacerbada para deslocar a base tributável à uma jurisdição com menor carga tributária.

Em sua defesa, a empresa farmacêutica alegou que a precificação realizada era de acordo com a capacidade de cada mercado, frisando que, por meio das operações com tais insumos, suas pesquisas poderiam ser financiadas. A controvérsia foi finalizada mediante o pagamento de determinada quantia ao Serviço Nacional de Saúde britânico.[11] Finalizada é a palavra mais sensata para definir o desfecho de tal conflito, haja vista que a solução para o tema de preços de transferência estava longe de ser alcançada.

O exemplo das operações realizadas pela Roche fomentou o anseio dos Estados na regulamentação dos preços de transferência até que, em 1979, a OCDE publicou o relatório conhecido como Preços de Transferência e Empresas Multinacionais.[12]

Tal documento ocupou-se de celebrar o *arm's length price* por meio da paridade nas relações entre empresas relacionadas, sem adotar, contudo, um modelo básico a ser obedecido pelas empresas relacionadas em suas relações comerciais.

Após esses passos iniciais, a OCDE buscou evoluir a sua regulamentação sobre o tema, revisitando o seu relatório inicial publicando, em 1995, o *The Transfer Pricing Guidelines for Multinational Enterprises and Tax Administrations*, que traçou diretrizes nas operações entre pessoas ligadas relacionadas a bens intangíveis, custos e seus arranjos e serviços transfronteiriços.

As últimas alterações provenientes de 2010 trataram acerca das melhores maneiras de obter uma escolha para o cálculo dos preços de transferência, bem como as formas mais eficazes de buscar a aplicação dos lucros transnacionais obtidos. A essas orientações, adicionou-se, também, ao relatório original um novo capítulo abordando aspectos da ligação dos preços de transferência e reestruturação societária das sociedades empresárias.[13]

Atualmente, amplamente difundido pelos estudiosos de preços de transferência e tributação internacional, temos as ações da OCDE relativas ao plano conhecido como *Base Erosion and Profit Shifting* (BEPS), utilizadas para evitar manobras de transferência de lucros forçadas para jurisdições favoráveis.

Em apertada síntese, o projeto BEPS consiste em 15 ações preventivas (*actions*) para evitar o deslocamento das bases tributáveis, compreendendo, nas ações 4, 8, 9, 10, 11, 12 e 13, as recomendações atinentes aos preços de transferência.

---

[11] PINHEIRO, Jurandi Borges. **Direito tributário e globalização:** ensaio crítico sobre preços de transferência. Rio de Janeiro: Renovar, 2001. p. 62.

[12] Tradução Livre do Autor: "Report of the OECD Committee on Fiscal Affairs on Transfer Pricing and Multinational Enterprises". Disponível em: <www.oecd.org/dataoecd/41/44/46019470.pdf>. Acesso em: set. 2012.

[13] OCDE. **Home: transfer pricing.** Disponível em: <www.oecd.org/dataoecd/41/44/46019470.pdf>. Acesso em: set. 2012.

1.1.2. A experiência brasileira

Até a edição da Lei nº 2.145/1953, a Carteira de Importação e Exportação (Cexim)[14] era o órgão responsável pela valoração aduaneira ainda precária em nossa legislação, não havendo um questionamento acerca dos preços de transferência e seus reflexos, razões também em acordo com a realidade da economia global, conforme já explanado. Esse dispositivo legislativo mencionado extinguiu a Cexim, substituindo-a pela Carteira de Comércio Exterior (Cacex), com um funcionamento relativo, basicamente, à regulamentação e fiscalização de importações e exportações.

Com o advento da Lei nº 8.028/1990, foi criado o Ministério da Economia, Fazenda e Planejamento. Em sua estrutura interna, esse novo ministério agregou as atividades do Departamento de Comércio Exterior (Decex), substituindo assim a Cacex em suas atividades. A partir dessa nova estrutura e considerando a política econômica governamental brasileira à época, foi aberto o mercado brasileiro à economia global.

Até a considerável abertura do mercado econômico brasileiro ao comércio internacional, a regulamentação desses preços de transferência não era uma das maiores preocupações tributárias nacionais, considerando que operações entre pessoas vinculadas e o controle de preços praticados eram de responsabilidade original dos órgãos de comércio exterior, sendo primariamente a responsável a Cacex e posteriormente a Decex.

Mais tarde, publicou-se a Lei nº 8.948/1992, revogando-se a antiga Lei nº 8.028/1990, criando dois ministérios: o Ministério da Indústria, Comércio e Turismo e o Ministério da Fazenda. A Secretaria de Comércio Exterior (Secex) passou a ser subordinada, a partir dessa criação, ao Ministério da Indústria, Comércio e Turismo.

No ano de 1994, o Ministério da Fazenda e o Ministério da Indústria, Comércio e Turismo promoveram a Portaria Interministerial nº 702, criando um grupo heterogêneo formado por membros da Secretaria de Comércio Exterior, da Procuradoria-Geral da Fazenda Nacional, da Secretaria do Comércio Exterior e da Receita Federal, eivando esforços e estudos para a coerção dos métodos de evasão fiscal.[15]

---

[14] A Cexim provém do ano de 1947, controlando as atividades de importação no Brasil nesta época. Para maiores informações acessar: <http://cpdoc.fgv.br/producao/dossies/AEraVargas2/artigos/EleVoltou/PoliticaCambial>. Acesso em: set. 2012.

[15] BACCARO, Renato Fernandes. **Manual de Preços de Transferência:** uma aplicação prática ante as margens de lucro predeterminadas. São Paulo: Hipótese, 2002. p. 25.

A preocupação com a abertura da economia brasileira e o pujante acréscimo de relações comerciais entre pessoas vinculadas culminou, por fim, na promulgação da Lei nº 9.430, de 27 de dezembro de 1996, vigorando em nosso ordenamento jurídico a partir de 1º de janeiro de 1997.

Nas palavras de Renato Fernandes Baccaro, essa evolução histórica culmina na necessidade dos controles dos preços de transferência:

> com o fim da competência do órgão de comércio exterior em controlar incisivamente os preços das transações internacionais, naturalmente, surgiu a necessidade da presença do instrumento fiscal *transfer pricing* [...].[16]

Adicionalmente a essa evolução, também ocorreram transformações na tributação da renda das pessoas jurídicas no Brasil, com a publicação da Lei nº 9.249/1995, inovando no critério de renda global das pessoas jurídicas como base de cálculo do imposto.

As possibilidades de cálculo de preços de transferência abordadas pela Lei nº 9.430 sofreram alterações a fim de ajustar as formas de cálculo, sendo as últimas atualizações trazidas pela Medida Provisória nº 563/2012, convertida na Lei nº 12.715/2012, adequando as fórmulas matemáticas de cálculo dos preços de transferência e também inovando ao trazer um dois novos método de cálculo de preços de transferência (Método do Preço Sob Cotação na Importação e Método do Preço sob Cotação na Exportação).

2. Os métodos de preços de transferência no Brasil

Uma vez feitas as considerações sobre as formas pelas quais as empresas podem deslocar a base tributável para uma jurisdição mais favorável, pelo controle dos preços de exportação e importação entre partes ligadas, o Brasil buscou impedir, de uma forma bastante própria, tais manipulações, que fogem aos padrões comuns de mercado.

Assim nasceram, no contexto da Lei nº 9.430/1996, os métodos matemáticos de controle de preços de transferência, que, na prática, buscam, por meio de diferentes fórmulas, encontrar um preço parâmetro adequado para as transações, devendo ser contraposto ao preço realmente praticado entre as partes ligadas.

Na ocasião do preço praticado ser superior ao preço parâmetro, na importação, há a necessidade do ajuste dos preços de transferência, que

[16] Ibid., p. 27.

nada mais é do que uma adição à base de cálculo do lucro real e da Contribuição Social sobre o Lucro Líquido (CSLL).

Por outro lado, nas operações de exportação, caso o preço praticado seja inferior ao preço parâmetro, há igualmente a necessidade de ajustar os preços de transferência, por meio da adição às bases de apuração do lucro real e da CSLL, bem como na tributação do lucro presumido.[17]

Passamos, portanto, a detalhar os métodos previstos pela Lei nº 9.430/1996 e regulamentados pela Instrução Normativa nº 1.312/2012.

2.1. Operações sujeitas ao controle de preços de transferência no Brasil

Conforme disposto pelo art. 22 da Lei nº 9.430/1996, as seguintes operações estão sujeitas ao controle de preços de transferência:

a) transações efetuadas entre pessoas (física ou jurídica) consideradas vinculadas ainda que por intermédio de pessoa interposta;

b) transações efetuadas entre pessoas (física ou jurídica) situadas no Brasil que se relacionem com pessoas (física ou jurídica), mesmo que não vinculadas, situadas em países considerados com regime de tributação favorecida, ou seja, não tributem a renda ou o façam em alíquotas inferiores a 20% (vinte por cento);[18]

c) transações efetuadas entre pessoas (física ou jurídica) situadas no Brasil que se relacionem com pessoas (física ou jurídica), mesmo que não vinculadas, situadas em países que possuam, dentro de sua jurisdição interna, empecilhos que resultem na ocultação da titularidade ou na composição societária de suas empresas.[19]

Decorrentes, portanto, das hipóteses ilustradas acerca do controle fiscal dos preços de transferência, podem ocorrer situações distintas que culminarão no mesmo efeito prático: a adição da diferença encontrada tanto para exportações (adição do valor subfaturado à base de cálculo do IRPJ e CSLL) quanto para importações (ajuste no valor excedente ao limite

---

[17] Considerando que as despesas, *grosso modo*, não impactam na tributação do lucro presumido, faz-se desnecessário o controle de preços de transferência na importação de bens, direitos e serviços por pessoas jurídicas que tributem a renda pela sistemática presumida.

[18] Conforme Portaria do Ministério da Fazenda nº 488, de 28 de novembro de 2014, tal alíquota foi reduzida para 17%.

[19] Medida Provisória nº 22/2002, art. 5º. Disponível em: <http://www.receita.fazenda.gov.br/legislacao/MPs/2002/mp22.htm>. Acesso em: set. 2012.

máximo que poderia ter sido pago por determinado bem). Acerca dessa sistemática, expõe Rodrigo Maito da Silveira:

> Uma vez aplicáveis as regras de preços de transferência, a existência de eventual diferença entre o preço praticado pelo contribuinte e o preço parâmetro calculado com base nos métodos disponíveis enseja a respectiva adição (do montante transferido em função da diferença de preço) na base de cálculo do IRPJ e da CSL, seja por conta do subfaturamento nas exportações (hipótese em que ocorre a adição propriamente dita), seja em virtude de superfaturamento nas importações (caso em que, na verdade, ocorre a glosa da diferença apurada, ensejando o cálculo dos referidos tributos sobre o valor glosado).[20]

Apresentados tais exemplos, vale repisar a forma como os preços de transferência no cálculo da base de apuração do lucro real pode interferir tanto nas importações quanto nas exportações.

Nas importações, ocorrerá um impacto direto no lucro real apurado à medida que o custo de importação de determinados bens for considerado dedutível, ou seja, uma despesa necessária, nos termos do art. 299 do Decreto nº 3.000/1999 (Regulamento do Imposto de Renda).[21] Acerca disto, aborda Edison Carlos Fernandes:

> Normalmente, o impacto tratado está atrelado à venda de produto ou direito, à prestação de serviço ou à transação financeira, quando o respectivo valor é transferido do estoque para o resultado (contábil). Assim, pode acontecer de determinada empresa importar milhões de dólares em mercadorias em um ano qualquer e, embora tenha discrepância de preços, não indicar

---

[20] SILVEIRA, Rodrigo Maito da. O controle de preços de transferência nas exportações. In: BORGES, Alexandre Siciliano; FERNANDES, Edison Carlos; PEIXOTO, Marcelo Magalhães (coords.). **Manual dos Preços de Transferência no Brasil**: celebração dos dez anos de vigência da lei. São Paulo: MP, 2007. p. 121.

[21] Decreto nº 3.000 de 1999, art. 299: "São operacionais as despesas não computadas nos custos, necessárias à atividade da empresa e à manutenção da respectiva fonte produtora (Lei nº 4.506, de 1964, art. 47). § 1º **São necessárias as despesas pagas** ou incorridas para a realização das transações ou operações exigidas pela atividade da empresa (Lei nº 4.506, de 1964, art. 47, § 1º). § 2º As despesas operacionais admitidas são as usuais ou normais no tipo de transações, operações ou atividades da empresa (Lei nº 4.506, de 1964, art. 47, § 2º). § 3º O disposto neste artigo aplica-se também às gratificações pagas aos empregados, seja qual for a designação que tiverem. Disponível em: <http://www.planalto.gov.br/ccivil_03/decreto/d3000.htm>. Acesso em: set. 2012.

qualquer ajuste referente ao controle de preços de transferência: basta que nenhuma dessas mercadorias tenha sido vendida no mesmo ano.[22]

Os ensinamentos acima expostos são essenciais para entendermos, oportunamente, os efeitos dos preços de transferência nos contratos de longo prazo, uma vez que, nas importações, o controle de preços de transferência está vinculado ao evento **venda**.

Para fins de apuração do lucro presumido, modalidade de apuração da base de cálculo do Imposto de Renda de Pessoa Jurídica (IRPJ) e da CSLL, prevista nos termos do RIR/1999, partindo do art. 518, são utilizadas alíquotas de presunção sobre o montante total das receitas auferidas pela pessoa jurídica ignorando, assim, as despesas apropriadas no resultado, restando indiferente o controle nas importações realizadas, aja visto que os custos dos produtos importados não são considerados para a apuração da base de cálculo, cabendo o controle apenas nas exportações, por possibilitar manobras fiscais por meio do subfaturamento de produtos.

Diante das duas bases de cálculo sobre o lucro real e presumido, é possível observar que o controle de preços de transferência na importação será relevante para as pessoas jurídicas tributadas com base no lucro real, considerando a importância da dedutibilidade dos custos em sua contabilidade. Nos casos de exportação, os controles de preços de transferência são relevantes tanto para as pessoas jurídicas tributadas pelo lucro real quanto pelo lucro presumido, vez que a imposição de tais controles visa impossibilitar a evasão fiscal.

Destaca-se, portanto, que a análise da forma de tributação da pessoa jurídica importadora, ou exportadora, no Brasil, será o primeiro juízo de valor sobre a aplicação das regras de preços de transferência, uma vez que:

i) nas operações de exportação, resta indiferente a forma de tributação do lucro da pessoa jurídica brasileira, uma vez que há necessidade de controle do preço mínimo de exportação, tanto para o lucro real quanto para o lucro presumido; e

---

[22] FERNANDES, Edison Carlos. O Controle de Preços de Transferência nas Exportações. In: BORGES, Alexandre Siciliano; FERNANDES, Edison Carlos; PEIXOTO, Marcelo Magalhães (coords.). **Manual dos Preços de Transferência no Brasil:** celebração dos dez anos de vigência da lei. São Paulo: MP, 2007. p. 31.

ii) nas operações de importação, é desnecessário o controle de preços de transferência por pessoas jurídicas brasileiras optantes da apuração do lucro presumido, já que a apropriação de custos não interfere na determinação do lucro presumido.

2.2. O conceito de pessoas vinculadas

Verificada quais operações estão sujeitas ao controle de preços de transferência, é essencial definir o conceito de pessoa vinculada, uma vez que este pode ser considerado o segundo juízo de valor que importações e exportações deverão ser alvo, a fim de verificar se há necessidade do controle de preços de transferência.

A conceituação de pessoa vinculada é prevista no art. 23 da Lei nº 9.430/1996 e regulamentada pelo art. 2º da Instrução Normativa da Receita Federal do Brasil nº 1.312/2012. Tal artigo do dispositivo legal abarca um rol de situações em que haverá vínculo entre as pessoas citadas em suas operações, sendo possível destacar dois grupos distintos decorrentes da presunção de vínculo, a saber:

i) **Conceituação de pessoa vinculada pela estrutura societária:** incisos I, II, III, IV, V, VI e VIII do art. 23:

> Art. 23. Para efeito dos arts. 18 a 22, será considerada vinculada à pessoa jurídica domiciliada no Brasil:
> I – a matriz desta, quando domiciliada no exterior;
> II – a sua filial ou sucursal, domiciliada no exterior;
> III – a pessoa física ou jurídica, residente ou domiciliada no exterior, cuja participação societária no seu capital social a caracterize como sua controladora ou coligada, na forma definida nos §§ 1º e 2º do art. 243 da Lei nº 6.404, de 15 de dezembro de 1976;
> IV – a pessoa jurídica domiciliada no exterior que seja caracterizada como sua controlada ou coligada, na forma definida nos §§ 1º e 2º do art. 243 da Lei nº 6.404, de 15 de dezembro de 1976;
> V – a pessoa jurídica domiciliada no exterior, quando esta e a empresa domiciliada no Brasil estiverem sob controle societário ou administrativo comum ou quando pelo menos dez por cento do capital social de cada uma pertencer a uma mesma pessoa física ou jurídica;
> VI – a pessoa física ou jurídica, residente ou domiciliada no exterior, que, em conjunto com a pessoa jurídica domiciliada no Brasil, tiver participa-

ção societária no capital social de uma terceira pessoa jurídica, cuja soma as caracterizem como controladoras ou coligadas desta, na forma definida nos §§ 1º e 2º do art. 243 da Lei nº 6.404, de 15 de dezembro de 1976; VIII – a pessoa física residente no exterior que for parente ou afim até o terceiro grau, cônjuge ou companheiro de qualquer de seus diretores ou de seu sócio ou acionista controlador em participação direta ou indireta [...].[23]

Observa-se, do excerto legal supramencionado, a remissão ao conceito de pessoa jurídica **controlada** ou **coligada**, conforme a Lei nº 6.404/1976 (Lei das S/A).

Art. 243. O relatório anual da administração deve relacionar os investimentos da companhia em sociedades coligadas e controladas e mencionar as modificações ocorridas durante o exercício.

§ 1º **São coligadas as sociedades nas quais a investidora tenha influência significativa.** (Redação dada pela Lei nº 11.941, de 2009)

§ 2º **Considera-se controlada a sociedade na qual a controladora, diretamente ou através de outras controladas, é titular de direitos de sócio que lhe assegurem, de modo permanente, preponderância nas deliberações sociais e o poder de eleger a maioria dos administradores.**

§ 3º A companhia aberta divulgará as informações adicionais, sobre coligadas e controladas, que forem exigidas pela Comissão de Valores Mobiliários.

§ 4º Considera-se que **há influência significativa quando a investidora detém ou exerce o poder de participar nas decisões das políticas financeira ou operacional da investida, sem controlá-la.** (Incluído pela Lei nº 11.941, de 2009)

§ 5º **É presumida influência significativa quando a investidora for titular de 20%** (vinte por cento) **ou mais do capital votante da investida**, sem controlá-la. (Incluído pela Lei nº 11.941, de 2009)[24] (Nossos destaques).

Dentro desse primeiro grupo, a presunção de pessoa vinculada entende que as vinculações societárias, ou familiares,[25] presentes nas corporações transnacionais e multinacionais são suficientes para ensejar uma manipu-

---

[23] Lei nº 9.430/1996. Disponível em: <http://www.receita.fazenda.gov.br/legislacao/leis/ant2001/lei943096.htm>. Acesso em: jun. 2017.

[24] Lei nº 6.404/1976. Disponível em: <http://www.planalto.gov.br/ccivil_03/leis/L6404consol.htm>. Acesso em: set. 2012.

[25] Conforme inciso VIII do art. 23 da Lei nº 9.430/1996.

lação dos preços de transferência praticados, deslocando a base tributável para uma jurisdição mais favorável.

ii) **Conceituação de pessoa vinculada pelas relações comerciais:** incisos VII, IX e X do art. 23:

> Art. 23. Para efeito dos arts. 18 a 22, será considerada vinculada à pessoa jurídica domiciliada no Brasil: [...]
> VII – a pessoa física ou jurídica, residente ou domiciliada no exterior, que seja sua associada, na forma de consórcio ou condomínio, conforme definido na legislação brasileira, em qualquer empreendimento; [...]
> IX – a pessoa física ou jurídica, residente ou domiciliada no exterior, que goze de exclusividade, como seu agente, distribuidor ou concessionário, para a compra e venda de bens, serviços ou direitos;
> X – a pessoa física ou jurídica, residente ou domiciliada no exterior, em relação à qual a pessoa jurídica domiciliada no Brasil goze de exclusividade, como agente, distribuidora ou concessionária, para a compra e venda de bens, serviços ou direitos.[26]

Esse segundo grupo faz uso de conceitos determinados no Código Civil e na Lei das S/A para relações jurídicas como consórcio, condomínio e contratos de agenciamento e distribuição, existindo um elevado grau de subjetividade para a aplicação do controle dos preços de transferência nessas relações.

2.3. Pessoa interposta e países com favorecimento tributário e/ou societário

Além da obrigatoriedade do controle de preços de transferência para as transações efetuadas entre as pessoas vinculadas, prevê a IN RFB nº 1.312/2012, no § 5º do art. 2º, a aplicação das regras de preços de transferência na interposição de pessoa não vinculada, que transacione com outra pessoa, no exterior, considerada vinculada à brasileira. Confira-se, sobre essa hipótese, a previsão normativa:

---

[26] Lei nº 9.430/1996. Disponível em: <http://www.receita.fazenda.gov.br/legislacao/leis/ant2001/lei943096.htm>. Acesso em: jun. 2017.

Art. 2º Para fins do disposto nesta Instrução Normativa, consideram-se vinculadas à pessoa jurídica domiciliada no Brasil: [...]

§ 5º Aplicam-se as normas sobre preço de transferência, também, às operações efetuadas pela pessoa jurídica domiciliada no Brasil, por meio de interposta pessoa não caracterizada como vinculada, que opere com outra, no exterior, caracterizada como vinculada à pessoa jurídica brasileira.

Em adição aos controles de preços de transferência abordados, também estão obrigadas a estes as pessoas (físicas ou jurídicas) que realizem operações com pessoas situadas em países com tributação privilegiada ou que imponham empecilhos às informações de composição societária.

Os países com favorecimento tributário, conhecidos também pela alcunha de "paraísos fiscais", são aqueles que tributam a renda em patamares inferiores à alíquota de 17% (dezessete por cento), conforme previsão da Portaria do Ministério da Fazenda nº 488/2014.

Com relação às jurisdições que impõem empecilhos às informações sobre a composição societária das empresas situadas sob sua jurisdição, a tutela jurídica tributária é a presunção absoluta de que existam nesses países pessoas jurídicas vinculadas, que, em decorrência da não abertura e informação sobre as composições societárias, utilizem esses territórios para manobras fiscais. Obrigam-se, nessas situações, o controle dos preços de transferência, conforme regulamentação do art. 52 da IN RFB nº 1.312/2012.

Vale ressaltar que tanto a listagem dos países com tributação favorecida, quanto àqueles que privilegiam o sigilo da composição societária de suas empresas está disposta na Instrução Normativa da SRF nº 1.037/2010.[27]

2.4. Possibilidades de dispensa do cálculo de preços de transferência

Após a análise das situações em que há necessidade do controle de preços de transferência, um terceiro juízo de valor pode ser realizado previamente à elaboração dos cálculos nas operações de exportação: as exceções às regras dos controles, a saber:[28]

---

[27] Instrução Normativa da Receita Federal do Brasil nº 1.037, de 2010. Disponível em <http://normas.receita.fazenda.gov.br/sijut2consulta/link.action?visao=anotado&idAto=16002#128258>. Acesso em: jun. 2017.

[28] Arts. 48 e seguintes da IN RFB nº 1.312/2012.

i) na ocasião da pessoa jurídica comprovar lucro líquido, antes da provisão para IRPJ e CSLL, decorrente das receitas de vendas nas exportações, para pessoas vinculadas, de no mínimo 10% do total dessas receitas (considerando uma média anual do período de apuração e dos dois anos anteriores);[29] e

ii) caso a pessoa jurídica comprove que a receita líquida das exportações, no ano-calendário, não excede 5% (cinco por cento) do total da receita líquida no mesmo período.[30]

Convém destacar, ainda, que é admitida uma margem de divergência de até 5% (cinco por cento) nos preços parâmetros e de 3% nas operações de importação ou exportação de *commodities*,[31] a serem comparados com os preços efetivamente praticados e calculados pelos métodos matemáticos que serão detalhados a seguir.

3. Preços de transferência na importação

Os métodos para cálculo de preços de transferência nas operações de importação, conforme já explanado, são aplicáveis às pessoas jurídicas situadas no Brasil, optantes ou obrigadas à apuração da base de cálculo do IRPJ e da CSLL pelo método do Lucro Real, devido à característica de dedutibilidade dos custos que as aquisições provenientes da exportação poderão impactar na contabilidade fiscal. Três dos quatro métodos atuais de cálculo dos preços de transferência para operações de importação podem ser encontrados no art. 18 da Lei nº 9.430/1996, existindo, ainda, um adicional, previsto pela Lei nº 12.715/2012 e exclusivamente aplicável a *commodities*.

---

[29] Não aplicável para *commodities*.
[30] Não aplicável para *commodities*.
[31] Conforme art. 51 da IN RFB nº 1.312/2012: "Art. 51. Será considerada satisfatória a comprovação, nas operações com pessoas jurídicas vinculadas, quando o preço ajustado, a ser utilizado como parâmetro, divirja, em até 5% (cinco por cento), para mais ou para menos, daquele constante dos documentos de importação ou exportação.
§ 1º Na hipótese descrita no *caput*, nenhum ajuste será exigido da pessoa jurídica na apuração do imposto sobre a renda, e na base de cálculo da CSLL.
§ 2º A margem de que trata o *caput* será de 3% (três por cento) na hipótese de importação ou exportação de commodities sujeitas à cotação em bolsas de mercadorias e futuros internacionalmente reconhecidas, quando deverá ser utilizado o método do Preço sob Cotação na Importação (PCI) ou o método do Preço sob Cotação na Exportação (Pecex), definido nos arts. 16 e 34, respectivamente.

Poderá o contribuinte, quando realizar o controle de preços de transferência, optar pela melhor opção, sendo esta a que resultar no menor valor de ajuste, por produto, a ser adicionado às bases de cálculo do IRPJ e da CSLL.

3.1. Os Preços Independentes Comparados (PIC)

O primeiro método de preços de transferência previsto pela Lei nº 9.430/1996 e regulamentado pelos arts. 8º e seguintes da IN RFB nº 1.312/2012 é o de Preços Independentes Comparados (PIC).

Conforme previsto pelo inciso I do art. 18 da Lei nº 9.430/1996, o PIC é o método:

> definido como a média aritmética ponderada dos *preços de bens, serviços ou direitos*, idênticos ou similares, apurados no mercado brasileiro ou de outros países, em operações de compra e venda empreendidas pela própria interessada ou por terceiros, em condições de pagamento semelhantes; (Redação dada pela Lei nº 12.715, de 2012) (Vigência).[32]

Este celebra bem o princípio *arm's lenght price* ao resumir-se a uma comparação entre a média aritmética ponderada dos preços praticados entre as operações de importação com pessoas vinculadas e os preços praticados na importação de outros bens, direitos ou serviços de pessoas não vinculadas, desde que as condições negociais sejam idênticas ou semelhantes.[33]

A Lei nº 9.430/1996 prevê a utilização do método para a comparação de preços de produtos, serviços e direitos quando similares ou idênticos, com três critérios distintos de comparação, a saber:

i) preço praticado pela empresa exportadora em comparação com pessoas jurídicas não vinculadas, residentes ou não no Brasil;

ii) preço dos produtos, serviços ou direitos adquiridos pela pessoa jurídica importadora desde que de pessoas jurídicas não vinculadas residentes, ou não, no Brasil;

iii) preços praticados por outras pessoas não vinculadas, residentes, ou não, no Brasil.

---

[32] Art. 18, I, da Lei nº 9.430/1996. Disponível em: <http://www.planalto.gov.br/ccivil_03/leis/L9430.htm>. Acesso em: jun. 2017.

[33] Conforme arts. 8º e seguintes da IN RFB nº 1.312/2012.

Em linhas gerais, o PIC é um dos métodos mais simples de ter a sua lógica entendida ao buscar comparar operações e preços praticados entre pessoas vinculadas e não vinculadas. Dada a paridade nessas relações comerciais, ficam comprovadas condições de mercado semelhantes, e nenhum ajuste à base de apuração do lucro real é efetuado.

Ocorre, porém, que, em um contexto de economia globalizada, a tentativa em se obter vantagens negociais faz com que mesmo dentro de uma corporação transnacional os resultados e custos operacionais não sejam compartilhados, reduzindo-se as informações passíveis de utilização nesse método.

É como se a competitividade, além das fronteiras empresarias, estivesse presente também na busca por melhores resultados dentro da comparação. Nesse cenário, a partilha de informações da comparação entre empresa exportadora e importadora é prejudicada.

Considerando essa situação para empresas de um mesmo grupo, o cenário de comparação entre preços praticados por empresas não vinculadas com terceiros torna-se praticamente inviável.

A viabilidade fica adstrita à comparação das importações realizadas pela própria empresa domiciliada no Brasil com a importação dos mesmos produtos, serviços e direitos de outras pessoas jurídicas vinculadas.

Vale destacar, ainda, que a legislação prevê a comparação de **preços de bens, serviços** e **direitos** praticados, o que será, oportunamente, explorado posteriormente, já que tal previsão está intimamente relacionada à aplicação do método nos contratos de longo prazo.

3.2. O Preço de Revenda Menos Lucro (PRL)

O segundo método de cálculo de preços de transferência, previsto no inciso II do art. 18 da Lei nº 9.430/1996, é o Preço de Revenda Menos Lucro (PRL), definido como:

> a média aritmética ponderada dos preços de venda, no País, dos bens, direitos ou serviços importados, em condições de pagamento semelhantes e calculados conforme a metodologia a seguir:
>
> *a)* preço líquido de venda: a média aritmética ponderada dos preços de venda do bem, direito ou serviço produzido, diminuídos dos descontos incondicionais concedidos, dos impostos e contribuições sobre as vendas e das comissões e corretagens pagas; (Redação dada pela Lei nº 12.715, de 2012) (Vigência)

b) percentual de participação dos bens, direitos ou serviços importados no custo total do bem, direito ou serviço vendido: a relação percentual entre o custo médio ponderado do bem, direito ou serviço importado e o custo total médio ponderado do bem, direito ou serviço vendido, calculado em conformidade com a planilha de custos da empresa; (Redação dada pela Lei nº 12.715, de 2012) (Vigência)

c) participação dos bens, direitos ou serviços importados no preço de venda do bem, direito ou serviço vendido: aplicação do percentual de participação do bem, direito ou serviço importado no custo total, apurada conforme a alínea b, sobre o preço líquido de venda calculado de acordo com a alínea *a*; (Redação dada pela Lei nº 12.715, de 2012) (Vigência)

d) margem de lucro: a aplicação dos percentuais previstos no § 12, conforme setor econômico da pessoa jurídica sujeita ao controle de preços de transferência, sobre a participação do bem, direito ou serviço importado no preço de venda do bem, direito ou serviço vendido, calculado de acordo com a alínea *c*; e (Redação dada pela Lei nº 12.715, de 2012) (Vigência)

e) preço parâmetro: a diferença entre o valor da participação do bem, direito ou serviço importado no preço de venda do bem, direito ou serviço vendido, calculado conforme a alínea *c*; e a "margem de lucro", calculada de acordo com a alínea *d*; e (Redação dada pela Lei nº 12.715, de 2012) (Vigência).

Sua metodologia prevê o cálculo de uma média aritmética dos preços de revenda praticados no Brasil subtraídos eventuais descontos incondicionais concedidos, encargos tributários incidentes sobre a venda, como contribuições e impostos, comissões pagas, além da aplicação de margens de lucro de 40%, 30% e 20%, a depender da atividade econômica exercida pela pessoa jurídica brasileira.

3.3. O Custo de Produção Mais Lucro (CPL)

Terceiro método de cálculo dos preços de transferência nas importações, previsto no inciso III do art. 18 da Lei nº 9.430/1996, o Custo de Produção Mais Lucro (CPL) é definido como:

> o custo médio ponderado de produção de bens, serviços ou direitos, idênticos ou similares, acrescido dos impostos e taxas cobrados na exportação no país onde tiverem sido originariamente produzidos, e de margem de lucro de 20% (vinte por cento), calculada sobre o custo apurado. (Redação dada pela Lei nº 12.715, de 2012) (Vigência).

Tal método consiste na aplicação de uma margem de lucro predefinida de 20% (vinte por cento) no custo de produção do determinado bem, serviço ou direito a ser importado, acrescendo-se, ainda, a esse valor alguns tributos de exportação, cobrados no país exportador.

O § 5º do art. 15 da IN RFB nº 1.312/2012 detalha quais itens poderão integrar os custos para fins de cálculo do CPL, a saber:

> I – o custo de aquisição das matérias-primas, dos produtos intermediários e dos materiais de embalagem utilizados na produção do bem, serviço ou direito;
>
> II – o custo de quaisquer outros bens, serviços ou direitos aplicados ou consumidos na produção;
>
> III – o custo do pessoal, aplicado na produção, inclusive de supervisão direta, manutenção e guarda das instalações de produção e os respectivos encargos sociais incorridos, exigidos ou admitidos pela legislação do país de origem;
>
> IV – os custos de locação, manutenção e reparo e os encargos de depreciação, amortização ou exaustão dos bens, serviços ou direitos aplicados na produção;
>
> V – os valores das quebras e perdas razoáveis, ocorridas no processo produtivo, admitidas pela legislação fiscal do país de origem do bem, serviço ou direito.[34]

É possível resumir a forma de cálculo do CPL a partir da seguinte razão:

$$PP = C \times \text{Margem de Lucro (20\%)} + T$$

Onde:
PP = Preço parâmetro a ser comparado com o preço praticado;
C = Custo, composto pelos insumos e despesas de produção supracitadas;
Margem de Lucro = Margem de lucro predeterminada de 20%;
T = Tributos incidentes sobre a exportação do produto, direito ou serviço.

O valor que exceder positivamente a diferença entre o CPL e o preço praticado deverá ser adicionado à base de cálculo do lucro real e de apuração da CSLL.

---

[34] Art. 15, § 5º, da IN RFB nº 1.312/2012. Disponível em: <http://normas.receita.fazenda.gov.br/sijut2consulta/link.action?visao=anotado&idAto=39257>. Acesso em: jun. 2017.

Esse método de cálculo, a despeito da facilidade de aplicação, possui dificuldades relativas à abertura de dados sigilosos, como custos de produção, e à necessidade da comprovação desses dados para a dedutibilidade dos custos de importação de bens, direitos e serviços, para a Receita Federal do Brasil (RFB).

Ademais, a prévia determinação da margem de lucro de 20% (vinte por cento) não atende a todas as faixas de negócios. Tal método de transferência acaba sendo limitado, seja pelo sigilo e pela confidencialidade de certas informações, seja pela competitividade maculada por uma margem de lucro predeterminadas, fazendo com que as empresas optem por outros métodos.

3.4. O Preço sob Cotação na Importação (PCI)

O quarto e último método de cálculo dos preços de transferência na importação é exclusivo para *commodities* e está previsto pelo art. 18-A da Lei nº 9.530/1996, sendo "os valores médios diários da cotação de bens ou direitos sujeitos a preços públicos em bolsas de mercadorias e futuros internacionalmente reconhecidas."[35]

Nesse método, eventual ajuste proveniente da diferença entre o preço parâmetro, conforme cotação em bolsa, e o preço efetivamente praticado deverá ser adicionado às bases de apuração do lucro real e da CSLL.

4. Preços de transferência na exportação

Os métodos de cálculo dos preços de transferência apurados nas operações de exportação, diferentemente do aplicável às importações, que acabam por resumir-se à dedutibilidade de custos com impactos para a determinação do lucro real, sofrerão impactos nas formas de apuração tanto do lucro real quanto do lucro presumido, uma vez que as manipulações dos valores de exportação impactam diretamente na base de cálculo do lucro real e da CSLL.

Assim, sendo os valores apurados pelos métodos de preços de transferência para a exportação inferiores aos praticados, deverá ocorrer a adição dessa diferença tanto na sistemática do lucro real quanto do presumido.

Vale destacar que, pela dicção do *caput* do art. 19 da Lei nº 9.430/1996, um controle prévio aos cálculos de preços de transferência deve ser feito,

---

[35] Art. 18-A da Lei nº 9.430/1996. Disponível em: <http://www.planalto.gov.br/ccivil_03/leis/L9430.htm>. Acesso em: jun. 2017.

sendo este a observância se as receitas decorrentes das exportações com pessoas vinculadas são inferiores a 90% do preço médio praticado em condições normais de mercado, entre partes independentes no Brasil.

Na ocasião da pessoa jurídica brasileira não realizar operações de venda no Brasil, poderá ser utilizada informações de pessoas jurídicas diferentes, que pratiquem as mesmas vendas no Brasil, em condições semelhantes.

4.1. O Preço de Venda nas Exportações (PVEx)

O primeiro método de controle de preços de transferência na exportação, determinado pelo art. 19, I, da Lei nº 9.430/1996, é o de Preço de Vendas nas Exportações (PVEx), definido como:

> a média aritmética *dos preços de venda nas exportações* efetuadas pela própria empresa, para outros clientes, ou por outra exportadora **nacional** de bens, serviços ou direitos, idênticos ou similares, durante o mesmo período de apuração da base de cálculo do imposto de renda e em condições de pagamento semelhantes.

Esse método de cálculo baseia-se na similaridade de bens, serviços e direitos, em condições igualitárias de mercado, celebrando o *arm's lenght price*.

Há de se frisar, no entanto, a difícil tarefa na aplicação do PVEx na ocasião das empresas situadas no Brasil serem, preponderantemente, exportadoras, não possuindo um preço parâmetro de mercado interno. Ciente dessas dificuldades, ainda é possível a aplicação do método, conforme frisa Renato Fernandes Baccaro:

> Caso não exista essa possibilidade, deve-se obter tais informações através dos elementos complementares de prova, que podem ser: *a)* publicações ou relatórios oficiais do governo do país comprador ou vendedor, ou declaração de autoridade fiscal, quando com ele o Brasil mantiver acordo para evitar a bitributação ou para intercâmbio de informações; *b)* pesquisas efetuadas por empresa ou instituição de notório conhecimento técnico, ou publicações técnicas, desde que para a obtenção dos dados se tenham utilizados métodos de avaliação internacionalmente adotados. Consideram-se adequadas as publicações de preços decorrentes: *a)* de cotações de Bolsas de Valores de âmbito Nacional; *b)* de cotações de Bolsas reconhecidas internacionalmente; *c)* de pesquisas de organismos internacionais, tais como Organização de Coope-

ração e Desenvolvimento Econômico – OCDE e Organização Mundial do Comércio – OMC.[36]

4.2. O Preço de Venda por Atacado no país de destino, diminuído do lucro (PVA)

Segundo método de arbitramento de receitas, previsto no art. 19, § 3º, II, da Lei nº 9.430/1996, o Preço de Venda por Atacado no país de destino, diminuído do lucro (PVA), é definido como:

> a média aritmética dos *preços de venda de bens*, idênticos ou similares, praticados no mercado atacadista do país de destino, em condições de pagamento semelhantes, diminuídos dos tributos incluídos no preço, cobrados no referido país, e de margem de lucro de quinze por cento sobre o preço de venda no atacado.[37]

4.3. Preço de Venda a Varejo no país de destino, diminuído do lucro (PVV)

Terceiro método de arbitramento de receitas, o Preço de Venda de Varejo no país de destino, diminuído do lucro (PVV) é definido no art. 19, § 3º, III, da Lei nº 9.430/1996, como:

> a média aritmética dos *preços de venda de bens*, idênticos ou similares, praticados no mercado varejista do país de destino, em condições de pagamento semelhantes, diminuídos dos tributos incluídos no preço, cobrados no referido país, e de margem de lucro de trinta por cento sobre o preço de venda no varejo.[38]

4.4. O Custo de Aquisição ou Produção, mais tributos e lucro (CAP)

Quarto e último método de arbitramento de receitas, previsto pelo art. 19, § 3º, IV, da Lei nº 9.430/1996, o Custo de Aquisição ou Produção, mais tributos e lucro (CAP) é definido como:

---

[36] BACCARO, Renato Fernandes. **Manual de Preços de Transferência:** uma aplicação prática ante as margens de lucro predeterminadas. São Paulo: Hipótese, 2002. p. 39.

[37] Art. 19, § 3º, II, da Lei nº 9.430/1996. Disponível em: <http://www.planalto.gov.br/ccivil_03/leis/L9430.htm>. Acesso em: 03 jun. 2017.

[38] Art. 19, § 3º, III, da Lei nº 9.430/1996. Disponível em: <http://www.planalto.gov.br/ccivil_03/leis/L9430.htm>. Acesso em: 03 jun. 2017.

a média aritmética dos *custos de aquisição ou de produção dos bens*, serviços ou direitos, exportados, acrescidos dos impostos e contribuições cobrados no Brasil e de margem de lucro de quinze por cento sobre a soma dos custos mais impostos e contribuições.[39]

Basicamente, esse método é aplicável a qualquer empresa que efetue exportações, já que a manutenção da contabilidade de custos bem como a aplicação das margens de lucro traduzem-se em um controle bastante simples de ser obtido. A grande problemática está na predeterminação de uma margem de lucro, já que nem sempre tal presunção de lucro condiz com a realidade posta.

4.5. O Preço sob Cotação na Exportação (PCEx)
Último método de arbitramento de receitas, previsto no art. 19-A da Lei nº 9.430/1996, o Preço Sob Cotação na Exportação (PCEx) é definido como:

> os valores médios diários da cotação de bens ou direitos sujeitos a preços públicos em bolsas de mercadorias e futuros internacionalmente reconhecidas.[40]

Apesar da necessidade de menção a esse método, a aplicação deste não possui grandes problemas na contraposição aos contratos de longo prazo, vez que comparam preços em momentos bastante precisos, a saber *i)* preço de venda de *commodities* efetivamente praticado; e *ii)* preço de cotação da *commodity*.

5. Operações com juros
Apesar de não ser o objetivo deste trabalho, convém a menção de que operações com juros, entre pessoas vinculadas, também estão adstritas ao controle de preços de transferência, conforme previsão do art. 22 da Lei nº 9.430/1996.

---

[39] Art. 19, § 3º, IV, da Lei nº 9.430/1996. Disponível em: <http://www.planalto.gov.br/ccivil_03/leis/L9430.htm>. Acesso em: 03 jun. 2017.
[40] Art. 19-A da Lei nº 9.430/1996. Disponível em: <http://www.planalto.gov.br/ccivil_03/leis/L9430.htm>. Acesso em: 03 jun. 2017.

Tal dispositivo prevê o limite máximo de dedutibilidade de juros pagos à pessoa vinculada no exterior e o mínimo de juros a ser cobrado de pessoas vinculadas domiciliadas no exterior.[41]

6. Contratos de longo prazo

Uma vez detalhados cada método matemático previsto na legislação brasileira, convém finalmente pontuar quais os são problemáticos em sua aplicação, quando da existência de contratos de longo prazo.

Como é possível observar, não há grandes desencontros na aplicação dos métodos de preços de transferência aplicáveis para *commodities*, quais sejam, o **PCI** e o **PCEx**, na existência de contratos de longo prazo, uma vez que os momentos da aferição dos preços praticados e preços de cotação são pontuais, para não se dizer exatos.

---

[41] Art. 22 da Lei nº 9.430/1996: "Art. 22. Os juros pagos ou creditados a pessoa vinculada somente serão dedutíveis para fins de determinação do lucro real até o montante que não exceda ao valor calculado com base em taxa determinada conforme este artigo acrescida de margem percentual a título de spread, a ser definida por ato do Ministro de Estado da Fazenda com base na média de mercado, proporcionalizados em função do período a que se referirem os juros. (Redação dada pela Lei nº 12.766, de 2012) Produção de efeito

§ 1º No caso de mútuo com pessoa vinculada, a pessoa jurídica mutuante, domiciliada no Brasil, deverá reconhecer, como receita financeira correspondente à operação, no mínimo o valor apurado segundo o disposto neste artigo.

§ 2º Para efeito do limite a que se refere este artigo, os juros serão calculados com base no valor da obrigação ou do direito, expresso na moeda objeto do contrato e convertida em reais pela taxa de câmbio, divulgada pelo Banco Central do Brasil, para a data do termo final do cálculo dos juros.

§ 3º O valor dos encargos que exceder o limite referido no *caput* e a diferença de receita apurada na forma do parágrafo anterior serão adicionados à base de cálculo do imposto de renda devido pela empresa no Brasil, inclusive ao lucro presumido ou arbitrado.

§ 6º-A taxa de que trata o *caput* será a taxa: (Incluído pela Lei nº 12.766, de 2012) Produção de efeito

I – de mercado dos títulos soberanos da República Federativa do Brasil emitidos no mercado externo em dólares dos Estados Unidos da América, na hipótese de operações em dólares dos Estados Unidos da América com taxa prefixada; (Incluído pela Lei nº 12.766, de 2012) Produção de efeito

II – de mercado dos títulos soberanos da República Federativa do Brasil emitidos no mercado externo em reais, na hipótese de operações em reais no exterior com taxa prefixada; e (Incluído pela Lei nº 12.766, de 2012) Produção de efeito

III – London Interbank Offered Rate – LIBOR pelo prazo de 6 (seis) meses, nos demais casos. (Incluído pela Lei nº 12.766, de 2012) Produção de efeito".

De igual modo, o **CPL**, aplicável na importação de bens, direitos e/ou serviços, também não padece da problemática de aplicação em contratos de longo prazo, uma vez que a aferição do custo com a adição posterior da margem de lucro de 20% são informações fornecidas pela pessoa vinculada no exterior, restando-se inaplicável às disposições brasileiras sobre os custos aplicáveis nos contratos de longo prazo.

Por outro lado, quando pensamos nos demais métodos e em suas aplicações nos contratos de longo prazo, isto é, com prazo de duração superior a um ano, alguns problemas já são identificados.

Para importações pontuais de bens, direitos e serviços, que na verdade possuem definido um preço praticado, essa máxima é relativamente simples: utiliza-se o preço efetivamente praticado em um período fiscal, já que, para fins do Imposto de Renda da Pessoa Jurídica (IRPJ) e da Contribuição Social sobre o Lucro Líquido (CSLL), os ajustes de preços de transferência são anuais.

Entretanto, quando falamos de contratos de longo prazo, seja pela prestação de serviços ou empreitadas para elaboração e/ou construção de bens de grande porte, o lapso temporal costuma exceder um ano fiscal, ultrapassando muitas vezes diversos anos para que seja possível precisar o preço praticado em uma operação.

Conforme verificado pelo art. 10 do Decreto nº 1.598/1977 e consignado no art. 407 do RIR/1999, os contratos de longo prazo inserem-se em um contexto de disposições especiais sobre atividades e pessoas jurídicas, conforme título do Capítulo VI do mesmo Regulamento.

Desse modo, cabe a menção ao supramencionado texto legal:

> Art. 10 – Na apuração do resultado de contratos, com prazo de execução superior a um ano, de construção por empreitada ou de fornecimento, a preço predeterminado, de bens ou serviços a serem produzidos, serão computados em cada período:
>
> I – *o custo de construção ou de produção dos bens ou serviços incorrido durante o período;*
>
> II – *parte do preço total da empreitada, ou dos bens ou serviços a serem fornecidos, determinada mediante aplicação, sobre esse preço total, da porcentagem do contrato ou da produção executada no período.*
>
> § 1º – A porcentagem do contrato ou da produção executada durante o período poderá ser determinada:

a) com base na relação entre os *custos incorridos no período e o custo total estimado* da execução da empreitada ou da produção; ou

b) com base em laudo técnico de profissional habilitado, segundo a natureza da empreitada ou dos bens ou serviços, que certifique a porcentagem executada em função do progresso físico da empreitada ou produção.

§ 2º – O disposto neste artigo não se aplica às construções ou fornecimentos contratados com base em preço unitário de quantidades de bens ou serviços produzidos em prazo inferior a um ano, cujo resultado deverá ser reconhecido à medida da execução. [...]

§ 4º – Se o contribuinte subcontratar parte da empreitada ou fornecimento, o direito ao diferimento de que trata o § 3º caberá a ambos, na proporção da sua participação na receita a receber.

Ocorre que, os métodos matemáticos de preços de transferência no Brasil, conforme já pormenorizado, estabelecem a necessidade do **controle anual de preços de transferência**, tanto para as exportações quanto para as importações com pessoas ligadas, de modo que os **preços praticados** sejam comparados com os **preços parâmetros**, obtidos por meio do **PIC** e do **PRL** (nas importações) e do **PVEx**, do **PVA**, do **PVV** e do **CAP** (nas exportações).

Da análise da previsão fiscal para **apuração dos resultados em contratos de longo prazo**, previsto pelo art. 10 do Decreto nº 1.598/1977, consignado no art. 407 do RIR/1999, verifica-se que serão computados:

i) **custo de construção e/ou produção de bens e serviços:** que poderá ser calculado pela relação entre custos incorridos no período e o custo total estimado para construção e/ou produção; e

ii) **embasados em laudo técnico, de profissional habilitado**: que se prezará a certificar o percentual executado em função do progresso da construção e/ou da produção dos bens e serviços.

Desse modo, ao observamos a apropriação, do ponto de vista fiscal, das receitas e dos custos, em contratos de longo prazo, verificamos que há, na verdade, uma estimativa de custos e receitas embasada, em apertada síntese, no progresso do projeto contratado, o que não representa, necessariamente, **preços e custos efetivos**.

Assim, notamos que os métodos matemáticos não solicitam estimativas, mas, sim, **preços e custos**, sem prever qualquer situação que difira dessa máxima.

Repisamos o tão lembrado art. 110 da Lei nº 5.172/1966 (Código Tributário Nacional), ao determinar que:

> A lei tributária não pode alterar a definição, o conteúdo e o alcance de institutos, conceitos e formas de direito privado, utilizados, expressa ou implicitamente, pela Constituição Federal, pelas Constituições dos Estados, ou pelas Leis Orgânicas do Distrito Federal ou dos Municípios, para definir ou limitar competências tributárias.

Portanto, de forma simples, uma das definições de preço, conforme o Dicionário Michaelis, é a "quantia determinada na compra e venda, expressa em moeda ou valor fiduciário, paga pelo comprador ao vendedor"[42].

Não há, na apropriação do resultado do exercício, com base em estimativas de progressos na construção de bens e/ou prestação de serviços, a exata definição do preço da operação, de modo que a quantia total pela construção e/ou prestação de serviços ainda não é conhecida, definitiva e determinada.

Do ponto de vista da aplicação da legislação tributária, qualquer operador do Direito que ouse examinar matéria tributária não pode se furtar de mencionar o Princípio da Estrita Legalidade.

Bem colocado por José Eduardo Soares de Melo,

> princípio da legalidade constitui uma das garantias do Estado de Direito, desempenhando uma função de proteção dos direitos dos cidadãos, insculpido como autêntico dogma jurídico pela circunstância especial de a Constituição Federal haver estabelecido, como direito e garantia individual, que "ninguém será obrigado a fazer, ou deixar de fazer alguma coisa senão em virtude de lei". [...] Somente com a expedição de normas editadas pelos representantes do próprio povo (Poder Legislativo) é que tem nascimento, modificação ou extinção de direitos e obrigações, competindo à Administração Pública expressa obediência ao princípio da legalidade (art. 37 da Constituição Federal).[43]

---

[42] **Dicionário Michaelis da Língua Portuguesa.** Disponível em: <http://michaelis.uol.com.br/busca?r=0&f=0&t=0&palavra=pre%C3%A7o+>. Acesso em: jun. 2017.

[43] MELO, José Eduardo Soares de. **Curso de Direito Tributário.** 10. ed. São Paulo: Dialética, 2012. p. 9.

Dessa lição basilar, temos que não cabem presunções e interpretações que fujam da estrita legalidade, ou seja, que ampliem as disposições legais.

Desse modo, na contraposição da Estrita Legalidade na aplicação dos preços de transferência em contratos de longo prazo, temos que **preço** é um termo que será conhecido tão somente na conclusão da construção de bem e/ou da prestação de serviço. Antes de finalizado tal momento, não é possível pensar em aplicação de preços de transferência, uma vez que a aplicação do preço praticado é estimada e inexiste qualquer previsão legal nesse sentido.

Tal interpretação não é uníssona e encontra oposição nas palavras de Nilton Latorraca, ao interpretar a aplicação do art. 407 do RIR/1999:

> **Quanto ao objeto**
> O Contrato há de ter por objeto a construção por empreitada ou o fornecimento de bens ou serviços a serem produzidos. A exigência contida na expressão a serem produzidos está a indicar que essa norma se restringe aos casos de encomenda de bens ou serviços específicos [...].
>
> **Quanto ao preço**
> O preço há de ser predeterminado, entendendo-se como tal o preço estipulado no contrato para a obra ou serviço como um todo; parece-nos que a cláusula de reajustamento não prejudica a exigência legal de predeterminação do preço, desde que as medidas desse reajustamento sejam claramente estabelecidas.[44]

Ocorre que não são em todos os contratos de longo prazo que há a predeterminação do preço, sujeito, inclusive, a cláusulas de reajustamento. É possível imaginar situação em que há a utilização de um preço predeterminado para apuração do preço praticado para fins de preços de transferência.

Nesse exemplo simples, suponhamos que haja uma exportação realizada pelo contribuinte brasileiro para pessoa ligada e que o método **CAP** tenha sido eleito. Assim, temos um preço praticado calculado com base em um preço predeterminado, e pela relação de avanço da obra, de **R$ 100.000,00**.

Suponhamos que, nesse mesmo cenário, o método **CAP** aponte para um preço parâmetro de **R$ 150.000,00**, uma vez que os custos de aquisição e produção deveriam atingir esse montante, e uma margem de lucro de 15%.

---

[44] LATORRACA, Nilton. **Direito Tributário** – Imposto de Renda das Empresas. 15. ed. São Paulo: Atlas, 2000.

Há, nesse ano calendário hipotético, a necessidade de um ajuste de preços de transferência da ordem de **R$ 50.000,00**. Ocorre que, considerando reajustes nas cláusulas contratuais, o preço praticado pode ser alterado, de forma que o ajuste de preços de transferência não foi verdadeiro.

Observa-se, assim, que a norma geral aplicável para contratos de longo prazo, pensada no Decreto nº 1.598/1977, não previu, e nem poderia, a realidade dos preços de transferência, que entrou em vigência duas décadas mais tarde.

O regramento geral dos contratos de longo prazo, aplicáveis ao IRPJ e à CSLL, não se distancia das regras de preços de transferência tão somente na aferição dos preços pela construção e/ou prestação de serviços. As divergências tornam-se ainda mais claras quando buscamos entender a apropriação de custos para contratos de longo prazo e para fins de obediência às regras de preços de transferência.

A regulamentação do art. 407 do RIR/1999 foi dada pela Instrução Normativa RFB nº 21/1979, que, em síntese, determinou que os custos computáveis na apuração do resultado, nos contratos de longo prazo, são:

> I – os custos diretos e indiretos (matéria-prima, mão de obra direta e os custos gerais de fabricação) incorridos na construção ou produção, ou na prestação dos serviços, inclusive os custos preliminares, tais como os de preparo de projetos, necessários à execução, incorridos após a contratação;
> II – o custo total orçado ou estimado, e seus reajustes.[45]

Desse modo, são previstas pela IN RFB nº 21/1979 duas possibilidades para a apropriação de custos, a saber:

i) apropriação do custo incorrido, em cada período; ou
ii) apropriação do custo orçado, em cada período.

Há previsão normativa, desse modo, em dois custos distintos, sendo o incorrido aquele conhecido, segregado, e controlado pela contabilidade de forma segura, sem gerar modificações futuras. Por outro lado, o orçado traduz-se por mera estimativa, sujeita aos sabores das complexas relações comerciais que, invariavelmente, tendem a alterá-lo.

---

[45] Instrução Normativa nº 21, de 13 de março de 1979. Disponível em: <http://normas.receita.fazenda.gov.br/sijut2consulta/imprimir.action?visao=anotado&idAto=13293&tamHA=0>. Acesso em: jun. 2017.

Destaca-se, ainda, que o custo orçado é aquele que, na dicção da IN RFB nº 21/1979, está atrelado à execução física da obra. Confira-se abaixo tal dispositivo:

> 5 – Critérios Alternativos de Avaliação de Andamento
>
> Na produção em longo prazo o progresso da execução será aferido por um dos seguintes critérios, à opção da pessoa jurídica:
>
> I – segundo a percentagem que a execução física, avaliada em laudo técnico de medição subscrito por um ou mais profissionais, com ou sem vínculo empregatício com a empresa, habilitados na área específica de conhecimento, representar sobre a execução contratada;
>
> II – segundo a percentagem que o custo incorrido no período-base representar sobre o custo total orçado ou estimado, reajustado.

Pelas mesmas razões expostas, para a aferição dos preços de venda, a aplicação dos custos estimados, para possível cálculo de preços de transferência, traduz-se como problemática e ilegal, do ponto de vista da Lei nº 9.430/1996.

Repisamos o texto legal, com interferências nossas para facilitar o entendimento:

> Art. 18. Os custos, despesas e encargos relativos a bens, serviços e direitos, constantes dos documentos de importação ou de aquisição, nas operações efetuadas com pessoa vinculada, somente serão dedutíveis na determinação do lucro real até o valor que não exceda ao preço determinado por um dos seguintes métodos: [...]
>
> § 1º As médias aritméticas ponderadas dos preços de que tratam os incisos I [PIC] e II [PRL] do *caput* e o custo médio ponderado de produção de que trata o inciso III [CPL] do *caput* serão calculados considerando-se *os preços praticados e os custos incorridos* durante todo o período de apuração da base de cálculo do imposto sobre a renda a que se referirem os custos, despesas ou encargos. (Redação dada pela Lei nº 12.715, de 2012) (Vigência).

Preços praticados e custos incorridos só serão efetivamente conhecidos quando da certeza de seus montantes, não se admitindo meras estimativas e/ou presunções.

A aplicação da legislação de preços de transferência baseada em estimativas não possui supedâneo legal e promove distorções na aferição de eventuais ajustes e na própria lógica dos preços de transferência.

Conclusões

Coexistem, no ordenamento jurídico brasileiro, duas legislações concomitantes, com objetivos distintos, a saber:

i) **art. 10 do Decreto nº 1.598/1977:** regulamenta a aferição de custos e receitas nos contratos de longo prazo, possibilitando uma estimativa, do ponto de vista legal, para a aferição dos montantes tributáveis para fins de IRPJ e CSLL; e

ii) **Lei nº 9.430/1996:** determina variáveis **fixas** e **conhecidas** para a aplicação das regras de preços de transferência, sendo estas **preço praticado** e **custos incorridos** (variável aplicável a depender da forma de cálculo, como anteriormente exposto).

Em termos práticos, a impressão que se tem é que o legislador responsável pelas regras de preços de transferência se ocupou na previsão de regras relativas à importação e à exportação de bens, direitos e serviços de forma instantânea, ou seja, com custos conhecidos e preços determinados, tornando factível a simples fórmula matemática prevista.

Nas relações consignadas nos contratos de longo prazo, a aplicação anual das regras de preços de transferência torna-se ineficaz, ilegal e proveniente de uma presunção tributária, alheia à adoção de um método matemático.

À luz do Princípio da Estrita Legalidade, a aplicação dos preços de transferência ocorrerá se as variáveis, **preço praticado** e **custo incorrido**, forem conhecidas, e praticadas, de modo que só haverá a obrigação do cálculo quando cumpridos tais requisitos.

Desse modo, é defensável que, na realização de um contrato de construção de um bem e/ou prestação de serviços que excedam a um exercício, as variáveis de preço praticado e custo incorrido, na exportação de pessoa jurídica brasileira para pessoa vinculada no exterior, só sejam conhecidas, para fins de preços de transferência, ao final do último ano calendário. É nesse momento que a aplicação das regras de preços de transferência, com o rigor matemático exigido, é possível.

Referências

BACCARO, Renato Fernandes. **Manual de Preços de Transferência**: uma aplicação prática ante as margens de lucro predeterminadas. São Paulo: Hipótese, 2002.
BRASIL. Constituição da República Federativa do Brasil de 1988. **Diário Oficial da União**, Poder Legislativo, 5 out. 1988.
_____. Decreto nº 3.000 de 6 de março de 1999. Regulamenta a tributação, fiscalização, arrecadação e administração do imposto sobre a renda e proventos de qualquer natureza. **Diário Oficial da União**, Poder Executivo, Brasília, DF, 17 de jun. 1999.
_____. Lei nº 6.404 de 15 de dezembro de 1976. Dispõe sobre as sociedades por ações. **Diário Oficial da União**, Poder Legislativo, Brasília, DF, 17 dez. 1976.
_____. Lei nº 9.430 de 27 de dezembro de 1996. Dispõe sobre a legislação tributária federal, as contribuições para a seguridade social, o processo administrativo de consulta e dá outras providências. **Diário Oficial da União**, Poder Legislativo, Brasília, DF, 30 dez. 1996.
Dicionário Michaelis da Língua Portuguesa *on-line*. Disponível em: <http://michaelis.uol.com.br/>.
FERNANDES, Edison Carlos. O Controle de Preços de Transferência nas Exportações. In: BORGES, Alexandre Siciliano; FERNANDES, Edison Carlos; PEIXOTO, Marcelo Magalhães (coords.). **Manual dos Preços de Transferência no Brasil:** celebração dos dez anos de vigência da lei. São Paulo: MP, 2007.
LEWANDOWSKI, Enrique Ricardo. **Globalização, regionalização e soberania.** São Paulo: Juarez de Oliveira, 2004.
OECD. **About BEPS and the inclusive framework.** Disponível em: <http://www.oecd.org/tax/beps-about.htm>. Acesso em: 30 mai. 2015.
_____. **Transfer Pricing in the Pharmaceutical Industry:** The Remuneration of Marketing Intangibles. Disponível em: <www.oecd.org/dataoecd/41/44/46019470.pdf>. Acesso em: set. 2012.
PINHEIRO, Jurandi Borges. **Direito tributário e globalização**: ensaio crítico sobre preços de transferência. Rio de Janeiro: Renovar, 2001.
SILVEIRA, Rodrigo Maito da. O controle de preços de transferência nas exportações. In: BORGES, Alexandre Siciliano; FERNANDES, Edison Carlos; PEIXOTO, Marcelo Magalhães (coords.). **Manual dos Preços de Transferência no Brasil:** celebração dos dez anos de vigência da lei. São Paulo: MP, 2007.

Referências complementares

AMARO, Luciano da Silva. **Direito Tributário Brasileiro.** São Paulo: Saraiva, 1997.
ANDRADE FILHO, Edmar Oliveira. **Imposto de Renda das Empresas.** 10. ed. São Paulo: Atlas, 2013.
ARGENTINO, Lúcio Breno Pravatta. **Soberania Tributária e Preço de Transferência.** Trabalho de Conclusão de Curso (Bacharel em Direito) – Faculdade de Ciências Humanas e Sociais, Universidade Estadual Paulista "Júlio de Mesquita Filho", Franca, 2012.

ASHIKAGA, Carlos Eduardo Garcia. **Análise da tributação na importação e na exportação de bens e serviços**. São Paulo: Aduaneiras, 2014.

BARBOSA, Demétrio Gomes. **Preços de Transferência no Brasil**: uma abordagem prática. 2. ed. São Paulo: FISCOSoft Editora, 2012.

BARRETO, Paulo Ayres. **O Imposto sobre a Renda e os Preços de Transferência**. São Paulo: Dialética, 2001.

BECKER, Alfredo Augusto. **Carnaval Tributário**. 2. ed. São Paulo: LEJUS, 1999.

DERZI, Misabel Abreu Machado; COÊLHO, Sacha CALMON Navarro. **Direito Tributário Aplicado**. Belo Horizonte: Del Rey, 1997.

FERRAZ JUNIOR, Tercio Sampaio. **Introdução ao Estudo do Direito**. 2. ed. São Paulo: Atlas, 1995.

FERRAGUT, Maria Rita. **Responsabilidade Tributária e o Código Civil de 2002**. São Paulo: Noeses, 2013.

_____. **Presunções no Direito Tributário**. São Paulo: Dialética, 2001.

KELSEN, Hans. **Teoria Pura do Direito**. Tradução de João Baptista Machado. Coimbra: Armémio Amado, 1976.

NOGUEIRA, Ruy Barbosa. **Curso de Direito Tributário**. 14. ed. São Paulo: Saraiva, 1995.

PASSOS, Carlos Roberto Martins; NOGAMI, Otto. **Princípios de Economia**. 6. ed. São Paulo: Cengage Learning, 2013.

ROCHA, Sérgio André. **Tributação Internacional**. São Paulo: Quartier Latin, 2013.

ROCHA, Valdir de Oliveira. **A Consulta Fiscal**. São Paulo: Dialética, 1996. – (coordenador). O Planejamento Tributário e a Lei Complementar 104. São Paulo: Dialética, 2001.

ROUSSEAU, Jeans Jacques. **O Contrato Social**. Rio de Janeiro: Tecnoprint Ltda [19-?].

SECRETARIA DA RECEITA FEDERAL DO BRASIL. **Perguntas e respostas**: pessoa jurídica. Disponível em: <http://www.receita.fazenda.gov.br/pessoajuridica/dipj/2002/pergresp2002/pr650a712.htm>. Acesso em: mai. 2015.

SEN, Amartya Kumar. **Desenvolvimento como liberdade**. São Paulo: Companhia das Letras, 2000.

SILVEIRA, Paulo Caliendo V. da. Do conceito de estabelecimentos permanentes e sua aplicação no direito tributário internacional. In: TÔRRES, Heleno Taveira (coord.). **Direito Tributário Internacional Aplicado**. São Paulo: Quartier Latin, 2003.

SHOUERI, Luiz Eduardo. **Preços de transferência no direito tributário brasileiro.** São Paulo: Dialética, 2006.

TORRES, Ricardo Lobo. **Curso de Direito Financeiro e Tributário**. 5. ed. Rio de Janeiro: Renovar, 1998.

XAVIER, Alberto. **Direito tributário internacional do Brasil.** Rio de Janeiro: Forense, 2005.

WEBER, Dennis. **Tax Avoidance and the EC Treaty Freedoms**. The HAGUE: Eucotax e Kluwer Law International, 2005.

YAMASHITA, Douglas. **Elisão e Evasão de Tributos**. São Paulo: Lex Editora, 2005.

A aplicação dos métodos de preço de transferência no Brasil, na importação de mercadorias e serviços, em relação às normas internacionais da Organização para Cooperação e Desenvolvimento Econômico (OCDE)

TIAGO HODECKER TOMASCZESKI

1. Introdução

A aplicação das regras de preço de transferência na importação está relacionada com o combate à manipulação de preços entre partes vinculadas ou em operações realizadas com entidades, localizadas em países ou dependências, considerados paraísos fiscais, ou que estejam amparados por regimes fiscais privilegiados[1], que não tributem a renda ou tributem com uma alíquota inferior à 17% (dezessete por cento)[2].

---

[1] BRASIL. Artigo 2º, da Instrução Normativa, da Receita Federal do Brasil nº 1.037, de 4 de junho de 2010. Disponível em: http://normas.receita.fazenda.gov.br/sijut2consulta/link.action?visao=anotado&idAto=16002. Acesso em: 30/04/2016. A referida IN lista no seu artigo 2º os regimes fiscais privilegiados:
(...)
II – com referência à legislação do Uruguai, o regime aplicável às pessoas jurídicas constituídas sob a forma de " Sociedades Financeiras de Inversão (Safis) até 31 de dezembro de 2010; III – com referência à legislação da Dinamarca, o regime aplicável às pessoas jurídicas constituídas sob a forma de holding company que não exerçam atividade econômica substantiva; IV – com referência à legislação do Reino dos Países Baixos, o regime aplicável às pessoas jurídicas constituídas sob a forma de holding company que não exerçam atividade econômica substantiva; V – com referência à legislação da Islândia, o regime aplicável às pessoas jurídicas constituídas sob a forma de International Trading Company (ITC); VII – com referência à legislação dos Estados Unidos da América, o regime aplicável às pessoas jurídicas constituídas sob a forma de Limited Liability Company (LLC) estaduais, cuja participação seja composta de não residentes, não sujeitas ao imposto de renda federal; ou VIII – com referência à legislação da Espanha, o regime aplicável às pessoas jurídicas constituídas sob a forma de Entidad de Tenencia de Valores Extranjeros (E.T.V.Es.); IX – com referência à legislação de Malta, o regime aplicável

Ou seja, estão sujeitas às regras de preço de transferências as aquisições de bens e serviços, decorrentes da importação, por pessoas jurídicas brasileiras provenientes de uma empresa/entidade qualquer que, alternativamente:

(i) esteja localizada em país que tenha tributação favorecida[3],
(ii) esteja localizada em país que garanta um regime fiscal privilegiado descriminado pela legislação;
(iii) seja sócia, da pessoa jurídica brasileira, ou pertença ao mesmo grupo econômico, de que esta faça parte, ou ainda, que se enquadre em algum outro conceito de parte relaciona descriminado adiante, como exclusividade, controle societário ou administrativo comum, parentesco, etc.

A empresa brasileira identificando alguma dessas condições quando realiza operações de importação de bens ou serviços para venda/revenda, ou os aplica na produção de um produto, para a posterior comercialização, no Brasil ou exterior, deverá provar para as autoridades fiscais, através dos métodos de preço de transferência, disponíveis na nossa legislação, que o custo/preço do produto ou serviço importado reconhecido na sua contabilidade está dentro das condições normais de mercado.

Dessa forma, deve ser demonstrado que o preço pago na importação[4], que se tornou custo para empresa brasileira, no momento de uma aliena-

---

às pessoas jurídicas constituídas sob a forma de International Trading Company (ITC) e de International Holding Company (IHC). X – com referência à Suíça, os regimes aplicáveis às pessoas jurídicas constituídas sob a forma de holding company, domiciliary company, auxiliary company, mixed company e administrative company cujo tratamento tributário resulte em incidência de Imposto sobre a Renda da Pessoa Jurídica (IRPJ), de forma combinada, inferior a 20% (vinte por cento), segundo a legislação federal, cantonal e municipal, assim como o regime aplicável a outras formas legais de constituição de pessoas jurídicas, mediante rulings emitidos por autoridades tributárias, que resulte em incidência de IRPJ, de forma combinada, inferior a 20% (vinte por cento), segundo a legislação federal, cantonal e municipal.

[2] BRASIL. Artigos 24 e 24-A, da Lei nº 9.430, de 27 de dezembro de 1996. Disponível em: http://www.planalto.gov.br/ccivil_03/leis/L9430. Acesso em: 30/04/2016. BRASIL. Portaria do Ministério da Fazenda nº 488, de 28 de novembro de 2014. Disponível em: http://fazenda.gov.br/acesso-a-informacao/institucional/legislacao/2014/portaria-no-488-de-28-de-novembro-de-2014-1. Acesso em: 30/04/2016.

[3] Ibidem

[4] Para determinados serviços importados existe a possibilidade de serem reconhecidos como despesas no momento do recebimento da *invoice (documento fiscal internacional)*. A referida

ção do item no Brasil, pela pura revenda, ou pela sua aplicação como parte/componente/insumo de um produto fabricado vendido, ou ainda depreciado, em caso de ativo imobilizado, não foi manipulado e está condizendo com o preço praticado pelo mercado.

Para UCKMAR[5]:

> Em linhas gerais, as regras de controle dos chamados preços de transferência correspondem a norma antielisiva específica que tem por finalidade evitar a transferência de lucros para jurisdição que ofereça uma tributação mais favorável, seja no caso de operações entre partes relacionadas, seja no caso de transações com empresas ou indivíduos residentes em países com tributação favorecida, ou sob regimes fiscais privilegiados.

A intenção do controle, com a determinação das regras dos preços entre partes vinculadas é a aplicação do preço de mercado na transação, mesmo em operações entre empresas do mesmo grupo ou negócios com países que tenham tributação favorecia ou regime Fiscal privilegiado. As regras de Preço de Transferência, e métodos estabelecidos, são ainda muito recentes, a Lei que as introduziu na legislação brasileira foi publicada em fins de 1996, produzindo efeitos a partir de 1º de janeiro de 1997[6].

No âmbito da Organização para a Cooperação e Desenvolvimento Econômico (OCDE) as regras são mais antigas para os países signatários. A OCDE surgiu em 1960/1961, com o ingresso dos Estados Unidos e Canadá à Organização para a Cooperação Econômica Europeia (OEEC), que, por sua vez, foi fundada em 1948, para administração do Plano Marshall criado pelos Estado Unidos para reconstruir o continente europeu devastado pela guerra[7]. Diante da maior integração das economias, em 1977 foi publicado o modelo de tratado para evitar a dupla tributação do imposto de renda, para ser adotado na realização de tratados bilaterais.

---

despesa estará, reconhecida pela empresa brasileira, também, sujeita ao controle de preços de transferência.

[5] UCKMAR, Victor *et alli*. Manual de Direito Tributário Internacional. São Paulo: Dialética, 2012, p. 374.

[6] BRASIL. Lei nº 9.430, de 27 de dezembro de 1996. Disponível em: http://www.planalto.gov.br/ccivil_03/leis/L9430. Acesso em: 30/04/2016.

[7] ORGANISATION FOR ECONOMIC CO-OPERATION AND DEVELOPMENT. OECD *History*. Disponível em: http://www.oecd.org/about/history. Acesso em: Acesso em: 30/04/2016.

O modelo serve como guia para estabelecer os tratados para evitar a dupla tributação do imposto de renda, descrevendo os artigos com as regras de tributação[8].

Com a leitura do artigo 9º do referido modelo, verifica-se que já havia sido estabelecido o controle de preço de transferência, com a descrição da aplicação do *"arm's length principle"*, já naquela época[9]: Cita-se a tradução utilizada nos tratados firmados pelo Brasil[10], com base no modelo da OCDE[11]:

> (...) e, em qualquer dos casos, condições forem estabelecidas ou impostas entre as duas empresas em suas relações comerciais ou financeiras que diferam daquelas que seriam estabelecidas entre empresas independentes, então quaisquer lucros que teriam sido obtidos por uma das empresas, mas que, em virtude dessas condições, não o foram, poderão ser acrescidos aos lucros dessa empresa e como tal tributados. (*grifa-se*)

Em suma o artigo dispõe que as transações entre partes relacionas não podem ser diferentes das condições de mercado, praticadas entre empresas independentes. Segundo UCKMAR: "O pilar fundamental das regras de preços de transferência é o princípio *arm's length*, segundo qual as transações entre as partes relacionadas devem ser realizadas em condições de mercado"[12].

O Brasil, que infelizmente não faz parte da OCDE, porém se diz adepto das regras estabelecidas pela organização, também, se utilizou do modelo

---

[8] OWENS, Jeffrey e BENNETT, Mary. Owens and Mary Bennett. OECD Model Tax Convention. OECD observer. Outubro 2008. Disponível em: http://www.oecdobserver.org/news/archivestory.php/aid/2756/OECD_Model_Tax_Convention.html. Acesso em: 30/04/2016.

[9] RUITER, Marlies. Overview of the OECD work on transfer pricing – Written contribution to the Conference "Alternative Methods of Taxation of Multinationals" (13-14 June 2012, Helsinki, Finland). Disponível em: http://www.taxjustice.net/cms/upload/pdf/Marlies_de_Ruiter_1206_Helsinki_text.pdf. Acesso em: 30/04/2016.

[10] BRASIL. Decreto nº 70.506, de 12 de maio de 1972. Tratado para evitar a dupla tributação entre Brasil e França Disponível em: http://legis.senado.gov.br/legislacao/ListaNormas.action?numero=70506&tipo_norma=DEC&data=19720512&link=s. Acesso em: 30/04/2016.

[11] BRASIL. Artigo 9º, item "b", do Decreto nº 5.922, de 3 de outubro de 2006. Convenção para evitar a dupla tributação entre Brasil e África do Sul. Disponível em: http://idg.receita.fazenda.gov.br/acesso-rapido/legislacao/acordos-internacionais/acordos-para-evitar-a-dupla-tributacao/africa-do-sul/decreto-no-5-922-de-3-de-outubro-de-2006. Acesso em: 30/04/2016.

[12] UCKMAR, Victor *et alli*. Manual de Direito Tributário Internacional. São Paulo: Dialética, 2012, p. 375.

de tratado para evitar a dupla tributação com diversos países, embora não aplique muito bem os conceitos estabelecidos internacionalmente.

SCHOUERI[13] sustenta que:

> Numa análise superficial, o intérprete poderia acreditar ser inútil, ou pelo menos não mandatória, a pesquisa das normas da OCDE para o entendimento da legislação brasileira acerca do *transfer pricing*. Este posicionamento basear-se-ia no fato de não ser o Brasil membro daquela organização e, portanto, não estar obrigado por qualquer de suas resoluções. Neste sentido, dir-se-á, com razão, que as normas expedidas pela OCDE não produzem efeito no Brasil.

Todavia, a exposição de motivos da Lei nº 9.430, de 27 de dezembro de 1996 dispõe de forma cristalina que as regras trazidas para documentação do preço de transferência pela lei, estão em conformidade com as regras adotadas pelos países integrantes da OCDE.

Embora o nome dos métodos e a ideia por traz guardarem identidade entre si, se confrontarmos as regras brasileiras com os parâmetros estabelecidos pela OCDE, a aplicação do lado do Brasil, em muitas situações, não consegue atender o princípio *arm's length*, pela falta de uma normatização completa e/ou flexibilização da norma em vigor.

A intenção do presente trabalho é demonstrar a aplicação dos métodos de preço de transferência no Brasil, delimitando a pesquisa para a **importação** de mercadorias e serviços, em relação às diretrizes estabelecidas pelas normas internacionais da OCDE.

2. O Preço de Transferência na Legislação Brasileira

A primeira menção do termo "preço de transferência" na legislação brasileira veio através da Lei nº 9.430/1996[14], embora já no decreto que regulamentou o acordo para evitar dupla tributação com o Japão em 1967, em seu artigo sexto, havia a cláusula que referencia o *"arm's length principle"*[15] e os acordos firmados na sequencia também mantiveram a previsão[16].

---

[13] SCHOUERI, Luís Eduardo. Preços de Transferência no Direito Tributário Brasileiro. São Paulo: Dialética, 3ª ed., 2013, p. 21.

[14] BRASIL. Lei nº 9.430, de 27 de dezembro de 1996. Disponível em: http://www.planalto.gov.br/ccivil_03/leis/L9430. Acesso em: 30/04/2016.

[15] BRASIL. Artigo 6º, do Decreto nº 61.899, de 14 de dezembro de 1967. Disponível em: http://idg.receita.fazenda.gov.br/acesso-rapido/legislacao/acordos-internacionais/acordos-para-evitar-a-dupla-tributacao/japao/decreto-no-61-899-de-14-de-dezembro-de-1967. Acesso em: 30/04/2016. Quando:

Na mesma linha, já existiam em nosso ordenamento regras a respeito da distribuição disfarçada de lucros[17] (1964)[18], que estabelece limites com relação ao preço praticados na alienação de ativos, por pessoa jurídica brasileira, à pessoa ligada. No entanto, a determinação dos preços a serem utilizados em conformidade com o mercado carecia de regulamentação. De acordo com ANDRADE FILHO[19]:

> A Lei nº 9.430/96 introduziu no nosso ordenamento jurídico o conceito de "preço de transferência", que é uma tradução da expressão inglesa *transfer pricing*. Os artigos 18 a 24 da referida lei formam um conjunto de regras que dispõem sobre critérios de arbitramento, para fins de determinação da base de cálculo do Imposto de Renda da Pessoa Jurídica (IRPJ) e Contribuição Social sobre o Lucro Líquido (CSLL), do valor de certas operações realizadas (importação e exportação de bens, serviços e capitais), com certa espécie de pessoas (pessoa vinculada, domiciliada ou residente no exterior ou qualquer pessoa residente ou domiciliada em país de tributação favorecida) e em determinadas condições (em valores superiores ou inferiores ao parâmetro legal). Tais regras, sob o aspecto funcional, trazem os mesmos objetivos

a) uma empresa de um Estado Contratante participar direta ou indiretamente na direção, no controle ou no capital de uma empresa do outro Estado Contratantes, ou b) as mesmas pessoas participarem direta ou indiretamente na direção, controle ou no capital de uma empresa do outro Estado Contratante, e de uma empresa do outro Estado Contratante, é em ambos os casos, as duas empresas, nas suas relações comerciais ou financeiras, estiverem ligadas por condições aceites ou impostas, que difiram das que seriam estabelecidas entre empresas independentes, os lucros que, nessas condições, teriam sido obtidos por uma das empresas mas não o puderam ser em virtude de tais condições, podem ser incluídos nos lucros dessa empresa e tributados como tal.

[16] BRASIL. RECEITA FEDERAL DO BRASIL. O Brasil possui 32 (trinta e dois) acordos para evitar a dupla tributação em vigor. Disponível em: http://idg.receita.fazenda.gov.br/acesso-rapido/legislacao/acordos-internacionais/acordos-para-evitar-a-dupla-tributacao/acordos-para-evitar-a-dupla-tributacao. Acessado em 13.05.2016

[17] OLIVEIRA, Vivian de Freitas e Rodrigues. Preços de Transferência Como Norma de Ajuste do Imposto Sobre a Renda. São Paulo: Noeses, 2015, p. 140. A comparação se faz necessária tendo em vista que o paralelo é inevitável: para operações com partes relacionadas, entre países diferentes, há o controle de preço de transferência, com suas fórmulas e cálculos preestabelecidos, que não nos permitem prova em contrário. Quando essas mesmas operações ocorrem dentro do território nacional, não há uma fórmula matemática preestabelecida, mas há a chamada "DDL" -Distribuição Disfarçada de Lucros.

[18] Introduzido pela Lei nº 4.506/64.

[19] ANDRADE FILHO, Edmar Oliveira, Imposto de Renda das Empresas. São Paulo: Editora Atlas, 9ª ed., 2012, p. 370.

das regras que dispõe sobre a "distribuição disfarçada de lucros", existente na legislação do Imposto de Renda há mais de três décadas. Elas também se assemelham às regras que fixam o valor tributável mínimo para certas operações sujeitas ao IPI.

Segundo HIGUCHI, a "publicação da referida lei foi um grande passo para diminuir o superfaturamento nas importações e subfaturamentos nas exportações, na maioria das vezes não se tratando de elisões lícitas, mas de fraudes até grosseiras"[20].

O autor, quando se refere ao "grande passo para diminuir o superfaturamento nas importações e subfaturamentos nas exportações", quer ilustrar que a intenção da Lei é fazer com o que o preço do bem, direito ou serviço, proveniente do exterior, seja condizente com o preço de mercado, mas não **acima do preço de mercado**. Para que não se reduza a margem na venda no país, em outras palavras, a lei quer estabelecer que o lucro fique no Brasil, para que aqui seja tributado pelo IRPJ e pela CSLL.

A mesma lógica serve para exportação, embora não seja objeto desse estudo, a intenção da lei é de que o lucro seja realizado no Brasil, portanto, o preço não pode estar, neste caso, **abaixo do mercado**.

Resumidamente, temos que o preço na importação deve estar em conformidade com o mercado, e não superfaturado, para que se tenha uma margem satisfatória e se reconheça lucro na venda dentro do País. Já na exportação o preço deve ser, da mesma forma, condizente com os parâmetros de mercado, e não subfaturado, para que se assegure o reconhecimento do lucro no país. Em ambos os casos que esse lucro será tributado no Brasil.

No entendimento de GREGORIO[21]:

> O que se visa com a aplicação das regras de controle dos preços de transferência é demonstrar que os preços praticados entre partes vinculadas não foram influenciados por conta dessa relação, ou seja, o obedecem ao princípio *Arm's Lenght*, que sinaliza no sentido de que os preços de transferências devem ser os de concorrência ou de mercado, sem super ou sub faturamento, isto é, em iguais condições aquelas que seriam praticados por partes independentes.

---

[20] HIGUCHI, Hiromi. Imposto de Renda das Empresas, Interpretação e prática. São Paulo: IR Publicações Ltda, 38ª ed., 2013, p. 149.
[21] GREGORIO, Ricardo Marozzi, Preços de transferência – *arm's length* e praticabilidade, 1ª ed., São Paulo, IBDT e Quartier Latin, 2011, p. 92.

A Exposição de motivos de Lei nº 9430/96 trouxe, em seu item 12, que as normas referentes à documentação do preço de transferência estão em conformidade com as regras adotas pela OCDE, são propostas normas que possibilitam o controle dos denominados 'Preços de Transferência', de forma a evitar a prática, lesiva aos interesses nacionais, de transferência de recursos para o exterior, mediante a manipulação dos preços pactuados nas importações ou exportações de bens, serviços ou direitos, em operações com pessoas vinculadas, residentes ou domiciliadas no exterior, conforme transcrito[22]:

> "As normas contidas nos artigos 18 a 24 representam significativo avanço da legislação nacional face ao ingente processo de globalização experimentado pelas economias contemporâneas. No caso especifico, em conformidade com regras adotadas nos países integrantes da OCDE, são propostas normas que possibilitam o controle dos denominados 'Preços de Transferência', de forma a evitar a prática, lesiva aos interesses nacionais, de transferência de recursos para o exterior, mediante a manipulação dos preços pactuados nas importações ou exportações de bens, serviços ou direitos, em operações com pessoas vinculadas, residentes ou domiciliadas no exterior. " (grifa-se)

Como se pode verificar na exposição de motivos da própria lei, transcrita acima, que introduziu a matéria no Brasil, além da implementação do controle, a intenção é que se faça "em conformidade com regras adotadas nos países integrantes da OCDE".

SCHOUERI julga inegável, "pois, a tentativa, por parte do legislador nacional, desde o início, de seguir os parâmetros da OCDE. Daí, pois, uma primeira razão para investigar se, efetivamente, o texto legal em vigor encontra-se em conformidade com as regras adotadas nos países integrantes da OCDE"[23].

Nada obstante, o regramento aplicável, foi alterada pelas Leis nºs 9.959, de 2000, 10.451, de 2002, 10.637, de 2002, 11.727, de 2008, 12.715, de 2012 e pela Medida Provisória nº 2.158/35, de 2001. A Portaria nº 222, de 24-09-08, do Ministério da Fazenda (MF), dispõe sobre os pedidos de alteração

---

[22] BRASIL. Exposição de Motivos, item 12. Lei nº 9430, de 27 de dezembro de 1996. Disponível em: http://www.planalto.gov.br/ccivil_03/leis/L9430. Acesso em: 30/04/2016.

[23] SCHOUERI, Luís Eduardo, Preços de Transferência no Direito Tributário Brasileiro, São Paulo: Dialética, 3ª ed., 2013, p. 21.

de percentual de que tratam os artigos. 18 e 19 da Lei nº 9.430 de 1996. A IN nº 1.312, de 28-12-12, da Secretaria da Receita Federal do Brasil (RFB), disciplinou a matéria[24].

3. Conceito de Parte Relacionada para Legislação Brasileira
No entendimento de HIGUCHI[25]:

> As regras de preço de transferência só se aplicam nas operações realizadas entre pessoa jurídica ou física residente no Brasil e pessoa jurídica ou física vinculada residente no exterior, em país não considerado paraíso fiscal ou entre pessoa jurídica ou física residente no Brasil e qualquer pessoa jurídica ou física vinculada ou não, residente em país considerado paraíso fiscal.

O artigo 23 da referida lei e artigo 2, da Instrução Normativa da Receita Federal do Brasil ("RFB") nº 1312/2012, da Secretaria da Receita Federal do Brasil ("SRFB"), estabelece o conceito de parte relacionada ou vinculada à **pessoa jurídica domiciliada no Brasil**, sendo:

a. a matriz desta, quando domiciliada no exterior[26];
b. a sua filial ou sucursal, domiciliada no exterior[27];
c. a pessoa física ou jurídica, residente ou domiciliada no exterior, cuja participação societária no seu capital social a caracterize como sua controladora ou coligada[28].
De acordo com o que determina a Lei nº 6.404, de 1976[29], são coligadas as sociedades nas quais a investidora tenha influência significativa. É considerada controlada a sociedade na qual a controlada, diretamente ou através de outras controladas, é titular de direitos de sócio que lhe assegurem, de modo permanente, preponderância nas deliberações sociais e o poder de eleger a maioria dos administradores.

---

[24] HIGUCHI, Hiromi. Imposto de Renda das Empresas, Interpretação e prática. São Paulo: IR Publicações Ltda, 38ª ed., 2013, p. 150.
[25] Ibidem. p. 150.
[26] BRASIL. Artigo 2, inciso I, da Instrução Normativa, da RFB nº 1.312, de 28 de dezembro de 2012. Disponível em: http://normas.receita.fazenda.gov.br/sijut2consulta/link.action?visao=anotado&idAto=39257. Acesso em: 30/04/2016.
[27] Ibidem. Artigo 2, inciso II.
[28] Ibidem. Artigo 2, inciso III.
[29] BRASIL. §§ 1º e 2º, do Artigo 243, da Lei nº 6.404, de 15 de dezembro de1976. Disponível em: http://www.planalto.gov.br/ccivil_03/leis/L6404consol.htm. Acessado em: 30/04/2016.

d. a pessoa jurídica domiciliada no exterior que seja caracterizada como sua controlada ou coligada, conforme demonstrado acima[30];
e. a pessoa jurídica domiciliada no exterior, quando esta e a empresa domiciliada no Brasil estiverem sob controle societário ou administrativo comum[31] ou quando pelo menos 10% (dez por cento) do capital social de cada uma pertencer a uma mesma pessoa física ou jurídica[32];
f. a pessoa física ou jurídica, residente ou domiciliada no exterior, que, em conjunto com a pessoa jurídica domiciliada no Brasil, tiver participação societária no capital social de uma terceira pessoa jurídica, cuja soma as caracterizem como controladoras ou coligadas desta[33];
g. a pessoa física ou jurídica, residente ou domiciliada no exterior, que seja sua associada, na forma de consórcio ou condomínio[34], conforme definido na legislação brasileira, em qualquer empreendimento[35];
h. a pessoa física residente no exterior que for parente ou afim até o terceiro grau, cônjuge ou companheiro[36] de qualquer de seus dire-

---

[30] BRASIL. Artigo 2, inciso IV, da Instrução Normativa, da RFB nº 1.312, de 28 de dezembro de 2012. Disponível em: http://normas.receita.fazenda.gov.br/sijut2consulta/link.action?visao=anotado&idAto=39257. Acesso em: 30/04/2016.

[31] De acordo com o que interpreta a RFB, nos termos do artigo 2º, parágrafo 1º, da IN RFB nº 1312/12, considera-se que a pessoa jurídica domiciliada no Brasil e a domiciliada no exterior estão sob controle: (i) societário comum, quando uma mesma pessoa física ou jurídica, independentemente da localidade de sua residência ou domicílio, seja titular de direitos de sócio em cada uma das referidas pessoas jurídicas, que lhe assegurem, de modo permanente, preponderância nas deliberações sociais daquelas e o poder de eleger a maioria dos seus administradores; (ii) administrativo comum, quando: (a) o cargo de presidente do conselho de administração ou de diretor-presidente de ambas tenha por titular a mesma pessoa; (b) o cargo de presidente do conselho de administração de uma e o de diretor-presidente de outra sejam exercidos pela mesma pessoa; (c) uma mesma pessoa exercer cargo de direção, com poder de decisão, em ambas as pessoas jurídicas. Disponível em: http://normas.receita.fazenda.gov.br/sijut2consulta/link.action?visao=anotado&idAto=39257.Acesso em: 30/04/2016.

[32] Ibidem. Artigo 2, inciso V.

[33] Ibidem. Artigo 2, inciso VI.

[34] Ibidem. Nos termos do artigo 2, parágrafo 2, segundo a regulamentação da RFB as pessoas jurídicas serão consideradas vinculadas somente durante o período de duração do consórcio ou condomínio no qual ocorrer a associação.

[35] Ibidem. Artigo 2, inciso VII.

[36] Ibidem. Nos termos do artigo 2, parágrafo 3, para RFB, também, considera-se companheiro de diretor, sócio ou acionista controlador da pessoa jurídica domiciliada no Brasil, a pessoa que com ele conviva em caráter conjugal (união estável).

tores ou de seu sócio ou acionista controlador em participação direta ou indireta[37];

i. a pessoa física ou jurídica, residente ou domiciliada no exterior, que goze de exclusividade, como seu agente, distribuidor ou concessionário, para a compra e venda de bens, serviços ou direitos[38];

j. a pessoa física ou jurídica, residente ou domiciliada no exterior, em relação à qual a pessoa jurídica domiciliada no Brasil goze de exclusividade, como agente, distribuidora ou concessionária, para a compra e venda de bens, serviços ou direitos[39].

Com relação à exclusividade[40], a RFB estabelece que (i) a vinculação aplica-se somente em relação às operações com os bens, serviços ou direitos para os quais se constatar a **exclusividade**; (ii) será considerado distribuidor ou concessionário exclusivo, a pessoa física ou jurídica titular desse direito relativamente a uma parte ou a todo o território do país, inclusive do Brasil.

Ainda, a exclusividade será constatada por meio de contrato escrito ou, na inexistência deste, pela prática de operações comerciais, relacionadas a um tipo de bem, serviço ou direito, efetuadas exclusivamente entre as duas pessoas jurídicas ou exclusivamente por intermédio de uma delas[41].

3.1. Interposta Pessoa

Nos termos do artigo 2, parágrafo 5, da IN RFB nº 1.312/2012, aplicam-se as normas sobre preço de transferência, também, às operações efetuadas pela pessoa jurídica domiciliada no Brasil, por meio de interposta pessoa não caracterizada como vinculada, que opere com outra, no exterior, caracterizada como vinculada à pessoa jurídica brasileira.

Ou seja, a utilização de uma importadora *trading company* ou qualquer outra empresa, apenas para importar os produtos e revender à beneficiária brasileira não exclui a obrigatoriedade de apresentação da documentação relativa ao Preço de transferência.

---

[37] Ibidem. Artigo 2, inciso VIII.
[38] Ibidem. Artigo 2, inciso IX.
[39] Ibidem. Artigo 2, inciso X.
[40] Ibidem. Artigo 2º, § 4º.
[41] Ibidem. Artigo 2º.

De acordo com o parágrafo 6, do artigo 2, da IN RFB º 1.312/2012, quando identificada a vinculação, com pessoa física ou jurídica, residente ou domiciliada no exterior, relativamente às operações de compra e venda efetuadas durante o ano-calendário, será declarada à RFB, por meio do Escrituração Contábil Fiscal[42].

3.2. Importação de Pessoas Localizadas em Paraíso Fiscal

Conforme visto, mesmo que a exportadora não entre no conceito de parte relacionada/vinculada, porém esteja situada em país que não tribute a renda, ou que a tribute a alíquota máxima inferior a 17% (dezessete por cento)[43], ou regiões/países que possuam regime fiscal privilegiado, aplicam-se as regras de preço de transferência[44].

Com relação aos regimes fiscais privilegiados, tratam-se de condições fiscais favoráveis que determinados países concedem, ainda que o país em si não seja considerado paraíso fiscal, para atrair o investimento estrangeiro. Concedem isenções fiscais para determinadas formas de empresa e atividades relacionadas, de forma geral *holding companies* que consolidem resultados operacionais, e/ou, também, que mantenham atividades relativas à gestão dos ativos financeiros do grupo, muitas vezes utilizadas para usufruir da vantagem fiscal.

Segundo SCHOUERI[45]:

> Regime fiscal privilegiado é aquele que preenche pelo menos um dos seguintes requisitos:
>
> a. não tributa a renda ou tributa à alíquota máximo inferior a dezessete por cento[46];

---

[42] Ibidem. Artigo 2º, § 6º.

[43] O percentual que era de 20% (vinte por cento) foi reduzido para 17% (dezessete por cento) pela Portaria do Ministério da Fazenda nº 488/2014.

[44] BRASIL. Artigos 24 e 24-A, da Lei nº 9.430, de 27 de dezembro de 1996. Disponível em: http://www.planalto.gov.br/ccivil_03/leis/L9430. Acesso em: 30/04/2016

[45] SCHOUERI, Luís Eduardo. Preços de Transferência no Direito Tributário Brasileiro, São Paulo: Dialética, 3ª ed., revisada e atualizada, 2013, P.82.

[46] BRASIL. Portaria do Ministério da Fazenda nº 488, de 28 de novembro de 2014. Disponível em: http://fazenda.gov.br/acesso-a-informacao/institucional/legislacao/2014/portaria-no-488-de-28-de-novembro-de-2014-1. Acesso em: 30/04/2016. O percentual de 20% (vinte por cento foi reduzido para 17% (dezessete por cento).

b. concede vantagem de natureza fiscal a pessoa física ou jurídica não residente sem exigência de realização de atividade econômica substantiva no país ou dependência, ou condicionada ao não exercício de atividade econômica substantiva;
c. não tributa os rendimentos auferidos fora de seu território, ou o faça em alíquota máxima inferior a 17% (dezessete por cento)[47];
d. não permite o acesso a informação relativas à composição societária, titularidades de bens ou direitos ou às operações econômicas realizadas.

Portanto, uma vez caracterizada a exportadora do bem ou serviço como parte relacionada ou vinculada, caberá a empresa brasileira documentar o preço praticado na importação reconhecido como custo ou despesa no Brasil através dos métodos disponíveis na legislação.

4. Conceito Internacional do *Arm's Length Principle* e Utilização no Brasil

O princípio *arm's length*, que alguns autores o traduzem como princípio da plena concorrência, na abalizada opinião de SCHOUERI[48]:

> Consiste, sinteticamente, em tratar os membros de um grupo multinacional como se eles atuassem como entidades separadas, não como partes inseparáveis de um negócio único. Devendo-se tratá-los como entidades separadas (*separate entity approach*), a atenção volta-se à natureza dos negócios celebrados entre os membros daquele grupo.

O significado literal da expressão *"arm's length"* em português é a "distância de um braço", o que nos leva a entender uma distância razoável que separa duas pessoas. Ou seja, a ideia principal do princípio é o tratamento de operações controladas da mesma maneira que operações independentes, no que se refere à precificação entre multinacionais do mesmo grupo.

---

[47] Ibidem.
[48] SCHOUERI, Luís Eduardo. Preços de Transferência no Direito Tributário Brasileiro. São Paulo: Dialética, 3ª ed., revisada e atualizada, 2013, p. 37.

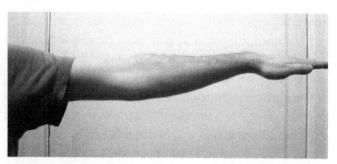

Fonte: Marie Thams[49]

Ainda na opinião de SCHOUERI[50]: "as ferramentas de apoio ao emprego do princípio *arm's length* são os métodos apresentados pela OCDE e adotados, em maior ou menor grau, pela generalidade dos países que seguem por linha aquele princípio", concluindo[51] no seguinte sentido:

> Por ora, vale mencionar apenas que a OCDE, ao sugerir o emprego de seus métodos de apuração de preços de transferência, apresenta-os como formas de aplicação do princípio *arm's length*. Mais do que isso, tal organização não hesita em afirmar que os métodos apresentados não são cogentes, tendo as empresas a liberdade de adotar outros métodos, desde que os preços assim obtidos satisfaças o princípio *arm's length*.

De acordo a publicação da RFB em seu sítio[52] o significado do termo "preço de transferência" tem sido utilizado para identificar os controles o preço praticado nessas operações pode ser artificialmente estipulado e, consequentemente, divergir do preço de mercado negociado por empresas independentes, em condições análogas – preço com base no princípio *arm's length*, conforme trecho a seguir transcrito:

---

[49] THAMS, Marie. An arm's length, em abril de 2013. Disponível em: http://mariethams.com/portfolio/art-practice/en-arms-langde-an-arm-s-length. Acessado em: 21.05.2016.
[50] SCHOUERI, Luís Eduardo. Preços de Transferência no Direito Tributário Brasileiro. São Paulo: Dialética, 3ª ed., revisada e atualizada, 2013, p. 49.
[51] Ibidem. p. 25 No original: " *2.12 This part provides a detailed description of traditional transaction methods that are used to apply the arm's length principle.*"
[52] RECEITA FEDERAL DO BRASIL. Perguntas e respostas. Disponível em: http://www.receita.fazenda.gov.br/pessoajuridica/dipj/2005/pergresp2005/pr672a733.htm. Acessado em: 21.05.2016.

(...) tem sido utilizado para identificar os controles a que estão sujeitas as operações comerciais ou financeiras realizadas entre partes relacionadas, sediadas em diferentes jurisdições tributárias, ou quando uma das partes está sediada em paraíso fiscal. Em razão das circunstâncias peculiares existentes nas operações realizadas entre essas pessoas, o preço praticado nessas operações pode ser artificialmente estipulado e, consequentemente, divergir do preço de mercado negociado por empresas independentes, em condições análogas – preço com base no princípio *arm's length*. (*grifa-se*)

Nota-se que o Fisco Federal também compartilha da ideia de que o preço de transferência está diretamente ligado com o princípio do *arm's length*.

Todavia, a Legislação é dura no que refere a aplicação desse princípio. De antemão a primeira diferença entre a aplicação do princípio *arm's lenth* no Brasil em relação ao modelo da OCDE é de que a organização sugere os métodos para verificar o preço comparável/parâmetro e caso não seja possível aplicá-los o contribuinte pode fazer prova para justificar de outra forma.

Já a Legislação Brasileira determina os métodos para encontrar o preço de mercado e a RFB acredita que a aplicação dos referidos métodos, disponíveis na legislação, se identifica com o referido princípio. Em minha opinião, para algumas situações isso até pode se cumprir; porém, há diversos casos em que a norma prejudica o contribuinte, muitas vezes, de forma desleal em relação não só à aplicação do princípio *arm's length*, mas também a outros diversos princípios do direito.

5. A Tributação pelo Lucro Real

Para que seja obrigatória a elaboração da documentação de preços de transferência, a pessoa jurídica importadora brasileira, além de ser considerada parte vinculada/relacionada ou importar de terceiros residentes em países considerados paraíso fiscal, deverá apurar o Imposto de Renda Pessoa Jurídica o "IRPJ" e a sua Contribuição Social Sobre o Lucro Líquido "CSLL" em bases reais, isto é, lucro real e base de cálculo real da CSLL, exceto para fins de apuração de ganho de capital em operações com paraísos fiscais e ou regime fiscal privilegiado[53].

---

[53] De acordo com o que estabelece o artigo 52 da IN RFB 1312/2012, aplicam-se as regras de preços de transferência (para pessoas físicas e jurídicas) em operações com país ou

Obviamente, porque a justificação do preço entre partes vinculadas se dá com relação ao custo/despesa apurado no Brasil e o único método de apuração das bases de cálculo do IRPJ e da CSLL que leva em consideração custos e despesas incorridos pelo contribuinte é o Lucro Real (IRPJ) e a base de cálculo real da CSLL.

Para que fique clara a explicação, tomando como exemplo uma situação bem simples, vamos imaginar uma única compra no ano inteiro da empresa do Brasil de sua matriz no exterior, no valor de R$ 1,00 (um real), e sua revenda por R$ 1,50 (um real e cinquenta centavos). Deixando de lado outros custos e despesas, o lucro da operação foi de R$ 0,50 (cinquenta centavos).

Note-se que se alterarmos o preço da compra que foi reconhecido no custo da empresa, automaticamente o lucro, sujeito à tributação, será modificado. Existem casos que a despesa reconhecida pelo pagamento de serviços à parte vinculada/paraíso fiscais/regime fiscal privilegiado, também, estará sujeita a documentação do preço de transferência, tendo em vista que, também, altera o resultado no Brasil.

Sendo assim, deve ser demonstrado que o preço pago na importação, que se torna custo para empresa brasileira, seja pela pura revenda ou pela aplicação como parte/componente/insumo de um produto fabricado, não foi manipulado e está condizendo com o preço praticado pelo mercado.

Porém, caso seja identificado através dos métodos, que a média do preço praticado com a empresa brasileira foi acima do preço de mercado, caberá à empresa ajustar essa diferença com uma adição na base de cálculo do IRPJ e da CSLL. No entanto, a utilização de preço abaixo do preço de mercado não resultará em nenhum ajuste no Brasil.

Isto nos leva a concluir que as normas de preço de transferência vão de encontro com as regras de valoração aduaneira[54], uma vez que, enquanto

---

dependência que não tribute a renda ou que a tribute a alíquota inferior a 20% (vinte por cento), ou ainda, cuja legislação interna oponha sigilo relativo à composição societária de pessoas jurídicas ou a sua titularidade. Portanto, a pessoa física deverá apurar ganho de capital de acordo com os métodos estabelecidos na referida Instrução Normativa da RFB ou a Pessoa Jurídica optante pelo método de apuração do IRPJ/CSLL "Lucro Presumido", em caso de aquisição de ativo imobilizado e posterior alienação deverá aplicar o referido artigo para determinação de eventual ganho de capital.

[54] BRASIL. RECEITA FEDERAL DO BRASIL. Solução de Consulta nº 18, de18 de maio de 2008. Disponível em: http://normas.receita.fazenda.gov.br. Acessado em: 30/04/2016. "*É*

o valor aduaneiro na importação é controlado, para que não seja abaixo do preço de mercado, a legislação de preço de transferência faz exatamente ao contrário.

Conforme dispõe o artigo 18 da própria Lei nº 9.430/1996, os custos, despesas e encargos relativos a bens, serviços e direitos, constantes nos documentos de importação ou de aquisição, nas operações efetuadas com pessoa vinculada, somente serão dedutíveis na determinação do lucro real e da base de cálculo real da CSLL até o valor que não exceda ao preço determinado por um dos métodos.

Existe, também, uma previsão na legislação, que é uma grande aberração jurídica: a lei determina que o eventual ajuste que ocorra com a aplicação dos métodos, de preço de transferência, deverá ser lançado na contabilidade, ou seja, determina que seja alterado no balancete/balanço da empresa. Conforme trecho transcrito abaixo[55]:

> Nos casos de apuração de excesso de custo de aquisição de bens, direitos e serviços, importados de empresas vinculadas e que sejam considerados indedutíveis na determinação do lucro real e da base de cálculo da contribuição social sobre o lucro líquido, apurados conforme os métodos estabelecidos na Lei, a pessoa jurídica deverá ajustar o excesso de custo, determinado por um dos métodos previstos na legislação, no encerramento do período de apuração, contabilmente, por meio de lançamento a débito de conta de resultados acumulados e a crédito de:
>
> I – conta do ativo onde foi contabilizada a aquisição dos bens, direitos ou serviços e que permanecerem ali registrados ao final do período de apuração; ou
>
> II – conta própria de custo ou de despesa do período de apuração, que registre o valor dos bens, direitos ou serviços, no caso de esses ativos já terem sido baixados da conta de ativo que tenha registrado a sua aquisição. (grifa-se)

No entanto, sem entrar na avaliação das regras contábeis, em que pese o IRPJ e a CSLL sejam calculados partindo-se do lucro líquido contábil, o lucro que deve ser tributado é o Lucro Real (no caso da CSLL, a base real da

---

incabível o uso de valores de importação, ajustados com base no Acordo de Valoração Aduaneira, para fins de aplicação das regras de preços de transferência previstas pela legislação brasileira".

[55] BRASIL. Artigo 45, da Lei nº 10.637, de 30 de dezembro de 2002. Disponível em: http://www.planalto.gov.br/ccivil_03/leis/2002/L10637.htm. Acessado em: 30/04/2016.

Contribuição), como o próprio nome diz, portando, parte-se do resultado contábil com/ou sem manipulação de preço, para que depois seja ajustado o preço de transferência, na apuração do IRPJ e da CSLL.

O que for reconhecido como custo na contabilidade, registrado com documento hábil, jamais poderá ser alterado, mesmo que esse preço seja supostamente manipulado; o eventual ajuste é feito no LALUR e na base de cálculo CSLL através de uma adição. O efeito disso é justamente a desconsideração de parte do custo reconhecido na contabilidade; o resultado dessa adição pode ser em lucro tributável ou apenas diminuir o prejuízo do período, se o contribuinte é tributariamente deficitário.

Outro ponto que não faz sentido nenhum na norma é a alteração do ativo (inciso I) onde os bens estão contabilizados, que não foram para resultado, ou seja, alienados/depreciados/vendidos. Porém, se o bem importado não foi alienado, não há o se falar em cálculo do preço, pois não se alterou o resultado da empresa, para verificação de lucro/margem na operação.

Conclui ANDRADE FILHO[56] que:

> O controle contábil não evita a existência de elemento de comprovação e adequação dos valores contabilizados. Esse modelo de controle pode causar distorções no cálculo de avaliação dos estoques, já que traz para a contabilidade um valor que tem natureza estritamente contábil; há uma retificação de valores que não decorre de um fato contabilizável.

6. Os Métodos Aplicáveis no Brasil

Conforme demonstrado, é importante salientar que a documentação do preço de transferência só será necessária para as mercadorias e/ou serviços que influenciam o resultado da empresa no Brasil, naquele determinado ano fiscal, e isso só acontece, no caso de mercadorias, quando ocorrer a baixa do referido bem do estoque, seja pela venda, obsolescência, ajuste, depreciação, etc. Ou seja, não haverá documentação de preço de transferência para os bens mantidos em estoque.

De acordo com o que determina a Lei[57], os custos, despesas e encargos relativos a bens, serviços e direitos, constantes dos documentos de

---

[56] ANDRADE FILHO, Edmar Oliveira. Imposto de Renda das Empresas. São Paulo: Editora Atlas, 9ª ed., 2012, p. 393.

[57] BRASIL. Artigo 18, da Lei nº 9.430, de 27 de dezembro de 1996. Disponível em: http://www.planalto.gov.br/ccivil_03/leis/L9430. Acesso em: 30/04/2016.

importação ou de aquisição, nas operações efetuadas com pessoa vinculada, somente serão dedutíveis na determinação do lucro real até o valor que não exceda ao preço determinado por um dos métodos de preço de transferência:

- Método dos Preços Independentes Comparados – PIC;
- Método do Custo de Produção mais Lucro – CPL;
- Método do Preço sob Cotação na Importação – PCI; e
- Método do Preço de Revenda menos Lucro – PRL.

Todo custo ou despesa contabilizado pela empresa, que reduza o lucro tributável, em caso de operações com parte vinculada, operações com paraíso fiscal ou com pessoas localizadas em regimes privilegiados, deverá ser documentado por um dos métodos disponíveis na legislação e informado na Escrituração Contábil Fiscal (ECF).

Sendo assim, a documentação relativa ao preço de transferência deverá ser preparada após o encerramento do ano fiscal (janeiro a dezembro), para que sejam utilizadas as médias de preços e custos do ano.

O objetivo dos métodos estabelecidos pela legislação é validar o custo/despesa reconhecido pela empresa brasileira, relativos aos produtos/direitos/serviços importados de alguma pessoa com a qual a legislação exija o controle do preço de transferência. Porém, agora vamos verificar com qual informação será comparada.

A primeira informação que se deve ter em mãos é a discriminação, por item (código de item), de todos os produtos (importados sujeitos ao preço de transferência) que foram alienados, no ano, ou seja, baixados do estoque, descriminados pela média do valor importado sob o *incoterm* FOB[58] (*Free on Board*), quer dizer apenas o valor do item importado, sem o valor

---

[58] BRASIL. Secretaria de Comércio Exterior (SECEX). FOB – Free on Board (named port of shipment). Disponível em: http://www.aprendendoaexportar.gov.br/informacoes/incoterms_fob.htm. Acessado em: 01/06/2016.
O vendedor encerra suas obrigações quando a mercadoria transpõe a amurada do navio (ship's rail) no porto de embarque indicado e, a partir daquele momento, o comprador assume todas as responsabilidades quanto a perdas e danos; A entrega se consuma a bordo do navio designado pelo comprador, quando todas as despesas passam a correr por conta do comprador; O vendedor é o responsável pelo desembaraço da mercadoria para exportação; Este termo pode ser utilizado exclusivamente no transporte aquaviário (marítimo, fluvial ou lacustre). Disponível em http://www.aprendendoaexportar.gov.br/informacoes/incoterms_fob.htm.

de seguro, frete, imposto de importação, frete interno etc. No caso de serviços, devem ser relacionadas as *invoices* (notas fiscais) que compõem as despesas/custos reconhecidas no período.

O valor que será comparado, com o preço alcançado através dos métodos, é esse o valor aduaneiro da mercadoria na importação, puro, que vem descriminado na declaração de importação (DI), sem nenhuma adição. Ou nas *invoices* (notas fiscais) de serviços emitidas em favor da brasileira.

Tendo isso em mente, fica fácil a aplicação dos métodos listados anteriormente. Outra informação muito importante é de que para aplicação dos métodos PIC e CPL, é a necessidade de se obter informações de terceiros, ou notas fiscais de fornecedores da parte vinculada, ou notas ficais da própria parte vinculada com terceiros, ou ainda, no caso do CPL, a abertura do custo do produto da própria parte vinculada, etc. Já o método PRL depende de informações única e exclusivamente da empresa brasileira que importou.

Para que fique bem ilustrado o impacto do preço de transferência, vamos tomar como exemplo uma situação em que uma pessoa jurídica brasileira, controlada por uma pessoa jurídica alemã importa apenas um item desta sua controladora, para revenda no País, com o valor fixado em Real de R$ 1,00 (um real) por item e realiza a revenda com o valor líquido de R$ 1,44 (um real e quarenta e quatro centavos), sem considerar os tributos sobre a venda. Conforme abaixo:

Importação do exterior de parte vinculada

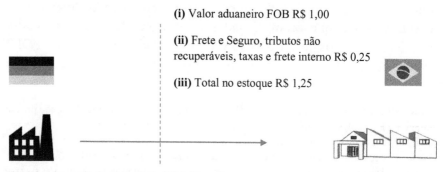

(i) valor aduaneiro da mercadoria, sem seguro, e sem o frete internacional, contratado sob o *incoterm* FOB (*Free on Board*), ou seja, o preço que o vendedor, no caso a matriz, coloca no embarque em seu país.

(ii) agora, além do frete e seguro internacional, após o desembaraço aduaneiro e pagamento de todos os impostos, contribuições e taxas para nacionalização, somando-se ao frete interno no país, chegamos em um custo adicional de R$ 0,25 (vinte e cinco centavos), para trazer a mercadoria até o estoque da empresa.
(iii) o valor total no estoque significa o preço do produto e todos os gastos inerentes para nacionalização e custo de transporte até a empresa.

Revenda de importação de parte vinculada

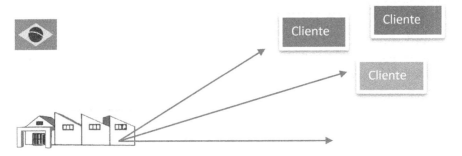

(iv) Custo no estoque R$ 1,25
(v) Margem aplicada no Brasil sobre o custo no estoque de 15% (apenas a título de exemplo)
(vi) Valor líquido de **venda da mercadoria R$ 1,44** (sem comsiderar os tributos da venda)

A partir do nosso exemplo, vamos passar pelos métodos, determinados pela legislação brasileira, para verificar a sua aplicação.

6.1. Preços Independentes Comparados (PIC)
Nos termos do artigo 18 da Lei nº 9430/96, o método PIC é a média aritmética ponderada dos preços de bens, serviços ou direitos, idênticos ou similares, apurados no mercado brasileiro ou de outros países, em operações de compra e venda empreendidas pela própria interessada ou por terceiros, em condições de pagamento semelhantes[59].

---

[59] BRASIL. Artigo 18, da Lei nº 9.430, de 27 de dezembro de 1996. Disponível em: http://www.planalto.gov.br/ccivil_03/leis/L9430. Acesso em: 30/04/2016.

Antes de iniciarmos a comparação, deve-se verificar se os bens, direitos, ou serviços são idênticos ou similares. Nos termos do artigo 42, da IN RFB nº 1312/2012, serão considerados similares quando, simultaneamente:

(i) tiverem a mesma natureza e a mesma função;
(ii) puderem substituir-se mutuamente, na função a que se destinem; e
(iii) tiverem especificações equivalentes.

Na opinião de ORSINI e MARCONDES[60]:

> Embora o conceito de similaridade mencione apenas bens, outros dispositivos admitem que serviços e direitos também possam ter similares. Na prática, porém aferir a similaridade entre bens, mesmo para empresários e *experts*, por vezes não é uma tarefa simples. Mais difícil ainda é identificar a similaridade entre direitos e intangíveis, ou entre serviços prestados por pessoas que possuam conhecimentos e experiências diferentes.

Segundo SCHOUERI[61]:

> Já que falta de uma definição na própria lei é lícito tomar definição constante do Código de Valoração Aduaneira. Diz aquele código serem idênticas as mercadorias iguais em tudo inclusive nas características físicas, qualidade e reputação comercial. Pequenas diferenças na aparência não impedirão que sejam consideradas idênticas mercadorias que em tudo mais se enquadrem na definição. Não basta, portanto, que dois produtos sejam concorrentes no mercado, se lhes falta identidade física, de qualidade ou de reputação: não se trata de produto idêntico.
>
> Para as mercadorias similares aquela que embora não se assemelhem em todos os aspectos, têm características e composição material semelhantes, o que lhes permite cumprir as mesmas funções e serem permutáveis comercialmente. Entre os fatores a serem considerados para determinar se as mer-

---

[60] ORSINI, MARCONDES, Elen Peixoto e Daniel Gustavo. Método de Preços Comparados e suas Variações. Produtos Idênticos e Similares. Ajustes Possíveis e Dificuldades Práticas. Elementos Complementares de Prova e seus Limites. Luís Eduardo Schoueri (coord.). Tributos e preços de transferência. 4º volume. São Paulo: Dialética 2013, p. 90.

[61] SCHOUERI, Luís Eduardo. Preços de Transferência no Direito Tributário Brasileiro. São Paulo: Dialética, 3ª ed., revisada e atualizada, 2013, p. 123.

cadorias são similares, incluem-se a sua qualidade, reputação comercial e a existência de uma marca comercial.

Tomando como exemplo a importação ilustrada anteriormente: a pessoa jurídica brasileira importa o bem pelo valor de R$ 1,00 (um real), de uma pessoa do grupo sediada no exterior, ou em paraíso fiscal ou em localidade que tribute a renda em regime privilegiado. Na hora da venda, esse valor será registrado na empresa brasileira como custo, do produto importado, de R$ 1,00 (um real), reduzindo, portanto, o lucro tributável no Brasil.

Conforme determina a legislação[62], para aplicação do PIC, os preços dos bens, serviços e direitos adquiridos serão comparados com os preços de bens, serviços ou direitos, idênticos ou similares:

a. vendidos pela mesma pessoa jurídica exportadora (estrangeira), para pessoas jurídicas não vinculadas, residentes ou não-residentes;
b. adquiridos pela mesma importadora (brasileira), de pessoas jurídicas não vinculadas, residentes ou não-residentes; ou
c. em operações de compra e venda praticadas entre terceiros não vinculados, residentes ou não-residentes.

Portanto, conforme nosso exemplo de importação, o preço praticado pela pessoa jurídica sediada no exterior, na venda para a brasileira é de R$ 1,00 (um real), e teremos três opções para compará-lo e encontrar o preço parâmetro de, no mínimo, R$ 0,95 (noventa e cinco centavos).

Existe a previsão no artigo 51, da IN RFB nº 1312/12[63] para considerar satisfatório uma variação de 5% (cinco por cento) do preço parâmetro em relação ao preço praticado na importação. Sendo assim, no nosso exemplo, se obtivermos uma *invoice* (nota fiscal) de produto/serviço similar da própria matriz relativa à uma venda para um terceiro qualquer, não vinculado, de mínimo R$ 0,95 (noventa e cinco centavos), não haveria ajuste,

---

[62] BRASIL. Artigo 18, da Lei nº 9.430, de 27 de dezembro de 1996. Disponível em: http://www.planalto.gov.br/ccivil_03/leis/L9430. Acesso em: 30/04/2016. BRASIL. Artigo 8º, da Instrução Normativa, da Receita Federal do Brasil nº 1.312, de 28 de dezembro de 2012. Disponível em: http://normas.receita.fazenda.gov.br/sijut2consulta/link.action?visao=anotado&idAto=39257. Acesso em: 30/04/2016.
[63] BRASIL. §1, do Artigo 51, da Instrução Normativa, da Receita Federal do Brasil nº 1312, de 28 de dezembro de 2012. Disponível em: http://normas.receita.fazenda.gov.br/sijut2consulta/link.action?visao=anotado&idAto=39257. Acesso em: 30/04/2016.

em comparação ao preço praticado na importação de R$ 1,00 (um real), pela aplicação da margem de divergência.

Porém, se o preço parâmetro alcançado fosse de R$ 0,94 (noventa e quatro centavos), o ajuste seria de R$ 0,06 (seis centavos). Lembrando que o preço parâmetro deve ser maior ou igual ao praticado na importação, para que não ocorra o ajuste.

Preço parâmetro PIC deve ser de no mínimo R$ 0,95

A primeira alternativa (item a., acima), que concede a possibilidade de comparação com preços em operações de venda da pessoa jurídica sediada no exterior para pessoas não vinculadas, do seu próprio país ou outros países, ao meu ver é a única opção que pode ser aplicada, para encontrar o preço parâmetro comparável.

Pois, seria muito raro encontrar preço para comparação decorrente de **aquisições** pela pessoa jurídica brasileira, de pessoas não vinculadas (item b., acima), tendo em vista que as aquisições seriam muito provavelmente de concorrentes fora do grupo econômico.

Agora, a opção de comparação havida no item c., acima, é muito remota, e eu me atrevo a dizer, inaplicável, pois possibilita a comparação de preços em operações entre terceiros não vinculados.

Ora, se estamos falando de produtos idênticos e similares, é possível que os terceiros sejam concorrentes da empresa. Ou seja, nunca haverá acesso a essa informação. A possibilidade colocada na regulamentação é inócua, pois quer estabelecer que empresas que competem entre si forneçam preços umas às outras para que sejam comparados.

O que sobrou como mais plausível é a comparação do preço praticado na importação com preços que a parte vinculada pratica com terceiros, tendo em vista que esta é parte interessada (acionista ou do mesmo grupo) da pessoa jurídica, que sofrerá um possível ajuste de preço de transferência. E, mesmo assim, o que se vê na prática é um certo receio da parte relacionada, quando solicitada informações (*invoices*), para comparar a venda realizada entre as partes, com o preço praticados por ela com terceiros.

Para documentar o custo reconhecido pela empresa, no momento da venda, aplicando-se o método PIC, será necessário providenciar notas fiscais/*invoices* emitidas, para fins de comparabilidade, do mesmo produto vendido/exportado pela empresa vinculada à pessoa jurídica brasileira, para terceiros, no Brasil ou no exterior.

Muitas vezes essa documentação está em inglês ou em outra língua que não a portuguesa. Normalmente a documentação de preço de transferência, é representada por uma planilha que determina a comparação entre o preço praticado com os preços realizados com terceiro. Para sustentar os números que constam da planilha é necessária a cópia traduzida, notarizada, consularizada no exterior. Dependendo da flexibilidade da fiscalização aceita-se *invoices* (notas fiscais) em inglês ou espanhol.

A RFB já se pronunciou sobre o assunto, através da Solução de Consulta nº 13/2013[64], no sentido de que admite-se a comprovação de preços mediante a utilização de relatório de auditores externos independentes, contratados pela empresa interessada, em que for comprovado que o valor do custo de aquisição das mercadorias foi efetuado de acordo com a legislação contábil brasileira, juntamente com relatório enumerativo das faturas comerciais de aquisição dos produtos pela empresa fornecedora vinculada. Quaisquer relatórios de procedência estrangeira deverão ser traduzidos, notarizados, consularizados e registrados em Cartório de Registro de Títulos e Documentos, em substituição das cópias de faturas comerciais.

Esse tipo de regulamentação que falta na legislação do preço de transferência, não há em lugar nenhum escrito como a fiscalização deve exigir a formatação dos documentos, no que se refere à apresentação das cópias das *invoices* que compõe o cálculo, se apenas uma amostragem ou uma relação dos números, dos respectivos documentos, referenciando-as já seria suficiente, e, também, com relação à tradução dos documentos em língua estrangeira, etc.

Imaginemos, agora, esse mesmo caso de importação, porém, com **terceiros** situados em países, paraísos fiscais e dependências com tributação favorecidas. Para esses casos eu diria que não é possível aplicar o PIC, simplesmente porque, na prática, o fornecedor não irá detalhar a composição do preço de seus produtos e/ou serviços. Esta é uma informação sigilosa e estratégica de mercado.

A aplicação do método PIC sempre dependerá de informações da (i) pessoa jurídica sediada no exterior que exportou o bem ou serviço ou de

---

[64] BRASIL. RECEITA FEDERAL DO BRASIL. Solução de Consulta nº 13, de 8 de novembro de 2013. Disponível em: http://normas.receita.fazenda.gov.br. Acessado em: 30/04/2016.

(ii) terceiros que fazem exatamente a mesma coisa, ou seja, concorrente direto no mercado.

Portanto, para situações em que a parte relacionada (do mesmo grupo) vende apenas para empresa do grupo ou presta uma assessoria específica para as empresas do grupo, fica impossível aplicar o método. Em operações com terceiros em paraíso fiscal ou regime fiscal privilegiado, é muito difícil aplicar a metodologia, sem que o parceiro detalhe as informações sigilosas.

Quando o produto ou serviço é muito específico ou personalizado, existe risco da aplicação do referido método, diante do conceito de similaridade, pois fica difícil demonstrar a similaridade com outros serviços em geral, para fins de comparabilidade.

Para finalizar a questão da aplicação do método PIC, vamos imaginar que fora importados pela pessoa jurídica brasileira e aqui vendidos um milhão de itens, no valor total (importação) de R$ 1.000.000,00 (um milhão de reais). Neste caso, de quantas *invoices* eu preciso para documentar a operação?

A RFB estabeleceu, no artigo 11 da IN RFB nº 1312/12, que a partir de 1º de janeiro de 2013, as operações utilizadas, para fins de cálculo, devem:

a. representar, ao menos, 5% (cinco por cento) do valor das operações de importação sujeitas ao controle de preços de transferência, empreendidas pela pessoa jurídica, no período de apuração, quanto ao tipo de bem, direito ou serviço importado, na hipótese em que os dados utilizados para fins de cálculo digam respeito às suas próprias operações; e
b. corresponder a preços independentes realizados no mesmo ano-calendário das respectivas operações de importações sujeitas ao controle de preços de transferência.

Portanto, se o valor de importação dos produtos vendidos foi de R$ 1.000.000,00 deve-se solicitar, no mínimo, o valor de R$ 50.000,00 em notas fiscais estrangeiras (*invoices*), que possam pela média serem comparadas com os produtos adquiridos pela pessoa jurídica brasileira. Caso não seja possível documentar com operações realizadas no mesmo ano fiscal, poderão ser utilizados dados do ano imediatamente anterior, porém devem ser atualizados pela variação cambial do período[65].

[65] Ibidem. § 1º, § 2º.

6.2. Custo de Produção Mais Lucro (CPL)

O contribuinte também poderá documentar o custo incorrido no Brasil, relacionado à produtos importados de parte relacionada e/ou de pessoal localizadas em paraíso fiscal ou regime fiscal privilegiados, através do método CPL.

Conforme explica Oliveira[66]:

> Considerado como método de comparação indireta, é definido como custo médio de produção de bens, serviços ou direitos, idênticos ou similares, no país em que tiverem sido originariamente produzidos, acrescidos dos impostos e taxas cobrados pelo referido país na exportação e de margem de lucro de 20% (vinte por cento), calculada sobre o custo apurado.

Para realização do referido método a empresa brasileira deverá apresentar evidências que o exportador, no exterior, não excedeu 20% (vinte por cento) de margem de lucro da operação. Ou seja, a parte relacionada no exterior deverá demonstrar o seu custo de produção para estabelecer que não excedeu a margem determinada pela lei.

No nosso exemplo de importação, o preço praticado pela controladora alemã, na venda para a sua controlada brasileira é de R$ 1,00 (um real). Nesse caso seria necessária a demonstração por parte da matriz, no exterior, do custo de fabricação do produto, para demonstrar a utilização de margem bruta inferior a 20% (vinte por cento). Outro ponto importante é de que o CPL só pode ser aplicado em itens produzidos/fabricados/serviços, pela exportadora, no exterior. Em caso de revenda, as informações de custo do fornecedor fabricante do produto, também, podem ser utilizadas[67].

Conforme entende a RFB, de acordo com o disposto no artigo 15 da IN RFB nº 1312/12[68] os custos de produção deverão ser demonstrados discriminadamente, por componente, valores e respectivos fornecedores. Para efeito de determinação do preço pelo método CPL, poderão ser computados como integrantes do custo:

---

[66] OLIVEIRA, Vivian de Freitas e Rodrigues, Preços de Transferência Como Norma de Ajuste do Imposto Sobre a Renda, São Paulo: Noeses, 2015, p.161.
[67] BRASIL. § 4º, do Artigo 15, da Instrução Normativa, da Receita Federal do Brasil nº 1312, de 28 de dezembro de 2012. Disponível em: http://normas.receita.fazenda.gov.br/sijut2consulta/link.action?visao=anotado&idAto=39257. Acesso em: 30/04/2016.
[68] Ibidem. §§ 3º e 5º, do Artigo 15º.

a. o custo de aquisição das matérias-primas, dos produtos intermediários e dos materiais de embalagem utilizados na produção do bem, serviço ou direito;
b. o custo de quaisquer outros bens, serviços ou direitos aplicados ou consumidos na produção;
c. o custo do pessoal, aplicado na produção, inclusive de supervisão direta, manutenção e guarda das instalações de produção e os respectivos encargos sociais incorridos, exigidos ou admitidos pela legislação do país de origem;
d. os custos de locação, manutenção e reparo e os encargos de depreciação, amortização ou exaustão dos bens, serviços ou direitos aplicados na produção;
e. os valores das quebras e perdas razoáveis, ocorridas no processo produtivo, admitidas pela legislação fiscal do país de origem do bem, serviço ou direito.

Supondo que a pessoa jurídica sediada no exterior apurou valor do custo do produto produzido que foi exportado, para o Brasil, no valor de R$ 0,80 (oitenta centavos). O preço parâmetro será R$0,96 (noventa e seis centavos)[69]. Valor que deverá ser comparado com preço da importação que no nosso exemplo, continua a ser de R$ 1,00 (um real). Aplicando a nossa margem de divergência de 5% (cinco por cento), novamente não haverá ajuste, pois, o preço parâmetro deve ser maior ou igual ao praticado na importação para que não ocorra o ajuste. E no nosso exemplo ficou em R$ 0,96 (noventa e seis centavos), porém, o limite do preço parâmetro, para que não ocorra nenhum ajuste será de R$ 0,95 (noventa e cinco centavos).

Preço parâmetro CPL = custo de produção + 20% = R$ 0,95

Em minha opinião, esse método é o mais difícil de ser aplicado. De acordo com o que determina a regra, o exportador – parte vinculada – deverá demonstrar o custo à importadora brasileira, para que seja informado ao Fisco Federal, no intuito de provar que a margem bruta aplicada no exterior não foi superior à 20% (vinte por cento). A primeira dificuldade aparece na falta de regulamentação, com relação aos documentos necessá-

---

[69] Os R$ 0,80, adicionados de 20% de margem bruta (correspondentes a R$ 0,16).

rios, para comprovar os custos incorridos pela fabricante ou prestadora de serviços no exterior. Quais documentos seriam adequados, para apresentação à RFB, em caso de fiscalização? Por exemplo: balancete, KARDEX, etc. Eles deveriam ser traduzidos, notarizados, consularizados e registrados em Cartório de Registro de Títulos e Documentos?

A outra grande dificuldade é com relação à própria obtenção de informação considerada sigilosa pela matriz ou empresas coligadas. Muitas vezes a pessoa jurídica brasileira atua como distribuidor dos produtos fabricados no exterior. O fabricante ainda que na qualidade de sócio da pessoa jurídica brasileira ou integrante do mesmo grupo empresarial, não irá detalhar a composição do preço de seus produtos e/ou serviços. Esta informação é, aqui também, sigilosa e estratégica de mercado, ainda que tratada entre partes relacionadas.

Segundo CARVALHO[70]:

> Não é muito diferente a conclusão que se extrai sobre recorrente reclamação quanto às dificuldades na obtenção das planilhas de custos para a utilização do método CPL. Afirma-se, com razão, que as matrizes estrangeiras não querem abrir seus custos para as subsidiárias brasileiras. Por outro lado, condenam-se as exigências administrativas estabelecidas para a aceitação destas planilhas.

Note-se esse método também depende da informação de outras partes, as informações não estão de posse da pessoa jurídica brasileira importadora.

6.3. Preço sob Cotação na Importação (PCI)

O método do Preço sob Cotação foi introduzido no nosso ordenamento, pela Lei nº 12.715/12. O PCI é definido como os valores médios diários da cotação de bens ou direitos sujeitos a preços públicos em bolsas de mer-

---

[70] Cf. Cassius Vinícius de Carvalho, "Anotações sobre o método do custo de produção mais lucro (CPL). In: Alexandre Siciliano Borges, Edison Carlos Fernandes e Marcelo Magalhães PEIXOTO (coords.) Manual dos preços de transferência no Brasil – *celebração dos 10 anos de vigência da lei*. São Paulo: MP, 2007, pp 77 a 83, in GREGORIO, Ricardo Marozzi – Restrições da Comparabilidade, Margens Predeterminadas e Liberdade da Escolha de Métodos. Tributos e preços de transferência. Luís Eduardo Schoueri (coord.). 4º volume /Luís Eduardo Schoueri (coord.), São Paulo: Dialética 2013, p. 365.

cadorias e futuros internacionalmente reconhecidas[71]. Esse método foi introduzido na legislação pela Lei nº 12.715/12, com vigência obrigatória na hipótese de importação de commodities, a partir de 1º de janeiro de 2013.

Conforme artigo 18-A da Lei nº 9.430/96, os preços dos bens importados e declarados por pessoas físicas ou jurídicas residentes ou domiciliadas no País serão comparados com os preços de cotação desses bens, constantes em bolsas de mercadorias e futuros internacionalmente reconhecidas, ajustados para mais ou para menos do prêmio médio de mercado, na data da transação[72].

De acordo com a Solução de Consulta nº 176, de junho de 2015[73], a RFB determina que para fins de aplicação dos métodos PCI, consideram-se *commodities* os produtos negociados nas bolsas de mercadorias e futuros listadas no Anexo II[74] e os produtos listados no Anexo I[75], da IN RFB

---

[71] BRASIL. Artigo 18-A, da Lei 9430, de 27 de dezembro de 1996. Disponível em: http://www.planalto.gov.br/ccivil_03/leis/L9430. Acesso em: 30/04/2016.

[72] Ibidem. § 1, do Artigo 18-A.

[73] BRASIL. RECEITA FEDERAL DO BRASIL. Solução de Consulta nº 176, de julho de 2015. Disponível em: http://normas.receita.fazenda.gov.br. Acessado em: 30/04/2016.

[74] BRASIL. Anexo II, da Instrução Normativa, da Receita Federal do Brasil nº 1312, de 28 de dezembro de 2012. Disponível em: http://normas.receita.fazenda.gov.br/sijut2consulta/link.action?visao=anotado&idAto=39257. Acesso em: 30/04/2016. Anexo II – BOLSAS DE MERCADORIAS E FUTUROS I. ChicagoBoard of Trade (CBOT) – Chicago – EUA; II. Chicago Mercantile Exchange (CME) – Chicago – EUA; III. New York Mercantile Exchange (NYMEX) – Nova York – EUA; IV. Commodity Exchange (COMEX) – Nova York – EUA; V. Intercontinental Exchange (ICE US) – Atlanta – EUA; VI. Bolsa de Mercadorias & Futuros (BM&F) – São Paulo – Brasil; VII. Life NYSE Euronext (LIFFE) – Londres – Reino Unido; VIII. London Metal Exchange (LME) – Londres – Reino Unido; IX. Intercontinental Exchange (ICE Europe) – Londres – Reino Unido; X. Tokio Commodity Exchange (TOCOM) – Tóquio – Japão; XI. Tokio Grain Exchange (TGE) – Tóquio – Japão; XII. Singapore Commodity Exchange (SICOM) – Cidade de Cingapura – Cingapura; XIII. Hong Kong Commodity Exchange (HKE) – Hong Kong – China; XIV. Multi Commodity Exchange (MCX) – Bombain – Índia; XV. National Commodity & Derivatives Exchange Limited (NCDEX) – Bombain – Índia; XVI. Agricultural Futures Exchange of Thailand (AFET) – Bangkok – Tailândia; XVII. Australian Securities Exchange (ASX) – Sidney – Austrália; XVIII. JSE Safex APD (SAFEX) – Johannesburg – África do Sul; XIX. Korea Exchange (KRX) – Busan – Coréia do Sul; XX. China Beijing International Mining Exchange, (CBMX); XXI. GlobalORE; XXII. London Bullion Market Association (LBMA);

[75] Ibidem. Anexo I – COMMODITIES E SEUS RESPECTIVOS CÓDIGOS NA NOMENCLATURA COMUM DO MERCOSUL PARA FINS DE APLICAÇÃO DO MÉTODO PCI e PECEX I. Açúcares de cana ou de beterraba e sacarose quimicamente pura, no estado sólido (NCM 17.01.1); II. Algodão (NCM 52); III. Alumínio e suas obras (NCM 76); IV. Cacau

nº 1312/12, que estejam sujeitos a preços públicos nas instituições de pesquisa setoriais listadas no Anexo III[76], da mesma Instrução.

Dessa forma, na hipótese de importação de commodities, listada na legislação, de partes vinculadas, é obrigatória a utilização dos preços disponibilizados nas bolsas e mercadorias e futuros, também, listadas na legislação.

Ainda de acordo com entendimento exarado por meio da citada Solução de Consulta nº 176/15[77], a hipótese de inexistir cotação específica para o produto importado ou exportado, os preços declarados poderão ser comparados com os obtidos a partir de fontes de dados independentes fornecidas por instituições de pesquisa setoriais internacionalmente reconhecidas.

A possibilidade de utilização da comparação dos preços com preços de mercados retirados de fontes de dados independentes fornecidas por instituições de pesquisa setoriais internacionalmente reconhecidas está

---

e suas preparações (NCM 18); V. Café, mesmo torrado ou descafeinado; cascas e películas de café; sucedâneos do café que contenham café em qualquer proporção (NCM 09.01); VI. Carnes e miudezas, comestíveis (NCM 02); VII. Carvão (NCM 27.01 a 27.04); VIII. Minérios de cobre e seus concentrados (NCM 2603.00) e Cobre e suas obras (NCM 74); IX. Minérios de estanho e seus concentrados (NCM 2609.00.00) e Estanho e suas obras (NCM 80); X. Farelo de Soja (NCM 2304.00); XI. Farinhas de trigo ou de mistura de trigo com centeio (méteil) (NCM 1101.00); XII. Minérios de ferro e seus concentrados (NCM 26.01) e Ferro fundido, ferro e aço (NCM 72); XIII. Gás de petróleo e outros hidrocarbonetos gasosos (NCM 27.11); XIV. Minérios de manganês e seus concentrados (NCM 2602.00) e Manganês e suas obras incluindo os desperdícios e resíduos (NCM 8111.00); XV. Óleo de soja e respectivas frações (NCM 15.07); XVI. Ouro (incluindo o ouro platinado), em formas brutas ou semimanufaturadas, ou em pó (NCM 71.08); XVII. Petróleo (NCM 27.09 e 27.10); XVIII. Prata (incluindo a prata dourada ou platinada), em formas brutas ou semimanufaturadas, ou em pó (NCM 71.06); XIX. Soja, mesmo triturada (NCM 12.01); XX. Suco (sumo) de laranja (NCM 2009.1); XXI. Trigo e mistura de trigo com centeio (méteil) (NCM 10.01); XXII. Chumbo e suas obras (NCM 78) e Minérios de chumbo e seus concentrados (NCM 2607); XXIII. Níquel e suas obras (NCM 75) e Minérios de níquel e seus concentrados (NCM 2604); XXIV. Zinco e suas obras (NCM 79) e Minérios de zinco e seus concentrados (NCM 2608); XXV. Minério de Cobalto e seus concentrados (NCM 2605) e Mates de cobalto e outros produtos intermediários da metalurgia do cobalto; cobalto e suas obras, incluindo os desperdícios e resíduos (NCM 8105).

[76] Ibidem. Anexo III – Instituições de pesquisas setoriais internacionalmente reconhecidas. I. PLATTS; II. ARGUS; III. CMA; IV. ESALQ; V. TSI; VI. THE METAL BULLETIN; VII. CRU MONITOR; VIII. – CIS; IX. – CMAI; X. – POTEN&PARTNERS; XI. – BLOOMBERG; XII. – ICIS HEREN; XIII. – U.S. Energy Information Administration (EIA).

[77] BRASIL. RECEITA FEDERAL DO BRASIL. Solução de Consulta nº 176, de julho de 2015. Disponível em: http://normas.receita.fazenda.gov.br. Acessado em: 30/04/2016.

em pleno acordo com as regras de OCDE, aplicando-se de forma plena o princípio da plena concorrência (*arm's lenth principle*).

Aqui, também, será considerada satisfatória a comprovação, nas operações com pessoas jurídicas vinculadas, quando o preço ajustado, a ser utilizado como parâmetro, de 3% (três por cento), dois por cento a menos que os demais métodos, na hipótese de importação de commodities sujeitas à cotação em bolsas de mercadorias e futuros internacionalmente reconhecidas, quando deverá ser utilizado o método do Preço sob Cotação na Importação (PCI)[78].

Se aplicarmos ao nosso exemplo, em que o preço praticado na importação foi de R$ 1,00, imaginando que o produto importado da pessoa vinculada, compõe a lista disponibilizada na legislação, o preço parâmetro deveria ser no mínimo R$ 0,97 (noventa e sete centavos)[79].

Preço parâmetro PCI = valor negociado em bolsa = R$ 0,97

O preço parâmetro deve ser maior ou igual ao praticado na importação, para que não ocorra o ajuste de preço de transferência. Para ORSINI e MARCONDES[80]:

> os novos métodos de *commodities* apresentam mais dificuldades do que vantagens, dentre as quais: (i) a necessidade de definir a data da transação; (ii) necessidade de definir se o valor de cotação deve ser o do mercado à vista ou futuro (algumas bolsas apresentam somente as cotações do mercado futuro); (iii) necessidade de definir como estabelecer a similaridade entre os bens a serem comparados; (iv) até que ponto de transformação o bem pode ser considerado similar ao negociado em bolsa, entre outros.

---

[78] BRASIL. § 2º, do Artigo 51, da Instrução Normativa, da Receita Federal do Brasil nº 1312, de 28 de dezembro de 2012. Disponível em: http://normas.receita.fazenda.gov.br/sijut2consulta/link.action?visao=anotado&idAto=39257. Acesso em: 30/04/2016.

[79] R$ 1,00, menos 3% de 1,00 (R$ 0,03).

[80] ORSINI, Elen Peixoto e MARCONDES, Daniel Gustavo ORSINI. Método de Preços Comparados e suas Variações. Produtos Idênticos e Similares. Ajustes Possíveis e Dificuldades Práticas. Elementos Complementares de Prova e seus Limites. Tributos e preços de transferência, 4º volume /Luís Eduardo Schoueri (coord.), São Paulo: Dialética 2013, p. 93.

6.4. Preço de Revenda Menos Lucro (PRL)

Caso não seja possível a aplicação de nenhum dos métodos acima, nos resta a realização do cálculo do método PRL. O PRL demanda uma fórmula, com percentuais de margem, que se presumem utilizados, na realização das vendas, no Brasil, já pré-determinados. Para utilização desse método é necessária aplicação de fórmula, para verificação do preço parâmetro.

Note-se que nesse método o preço praticado na importação deve ser comparado com o preço parâmetro que será calculado, utilizando-se de margens estabelecidas pela legislação.

De acordo com o artigo 18 da Lei nº 9.430/1996 [81], é calculado com a média aritmética ponderada dos preços de venda, no País, dos bens, direitos ou serviços importados, em condições de pagamento semelhantes e calculados conforme a metodologia a seguir:

a) **preço líquido de venda**: a média aritmética ponderada dos preços de venda do bem, direito ou serviço produzido, diminuídos dos descontos incondicionais concedidos, dos impostos e contribuições sobre as vendas e das comissões e corretagens pagas;
A informação do preço valor líquido recebido pela venda, deverá ser disponibilizada, para os itens vendidos ou aplicados no produto vendido, que corresponde ao custo do produto vendido adicionado a margem de lucro bruta da empresa, sem impostos, descontos, comissão, etc.

b) **percentual de participação dos bens, direitos ou serviços** importados no custo total do bem, direito ou serviço vendido: a relação percentual entre o custo médio ponderado do bem, direito ou serviço importado e o custo total médio ponderado do bem, direito ou serviço vendido, calculado em conformidade com a planilha de custos da empresa;
Esse percentual de participação é a razão entre o valor FOB, do item importado, e o valor do custo total em que esse item importado foi aplicado. No nosso exemplo, o valor FOB era R$ 1,00 (um real) e o

---

[81] BRASIL. Inciso II, Artigo 18, da Lei nº 9.430, de 27 de dezembro de 1996. Disponível em: http://www.planalto.gov.br/ccivil_03/leis/L9430. Acesso em: 30/04/2016. e BRASIL. Artigo 12º, da Instrução Normativa, da Receita Federal do Brasil nº 1.312, de 28 de dezembro de 2012. Disponível em: http://normas.receita.fazenda.gov.br/sijut2consulta/link.action?visao=anotado&idAto=39257. Acesso em: 30/04/2016.

valor no estoque era R$ 1,25 (um real e vinte e cinco centavos); assim, o percentual de participação seria de R$ 1,00/R$ 1,25; ou seja 80% (oitenta por cento).

c) **participação dos bens, direitos ou serviços** importados no preço de venda do bem, direito ou serviço vendido: aplicação do percentual de participação do bem, direito ou serviço importado no custo total, sobre o preço líquido de venda.

A participação dos bens é a aplicação do percentual de participação do item importado no custo, sobre o valor líquido de venda. Essa participação será a base de cálculo para aplicação das margens predeterminas.

d) **margem de lucro**: a aplicação dos percentuais previstos na legislação de 20% (vinte por cento), 30% (trinta por cento) ou 40% (quarenta por cento), conforme setor econômico da pessoa jurídica sujeita ao controle de preços de transferência, sobre a participação do bem, direito ou serviço importado no preço de venda do bem, direito ou serviço vendido;

De acordo com o que determina o parágrafo 12, do artigo 18 da Lei 9.430/96, aplica-se a margem de 20% (vinte por cento) de maneira geral, porém existem setores com margens diferenciadas. As aplicações das margens são de acordo com a atividade econômica da pessoa jurídica brasileira sujeita aos controles de preços de transferência e incidirão, independentemente de submissão a processo produtivo ou não no Brasil, nos seguintes percentuais:[82]

- 40% (quarenta por cento), para os setores de: produtos farmoquímicos e farmacêuticos; produtos do fumo; equipamentos e instrumentos ópticos, fotográficos e cinematográficos; máquinas, aparelhos e equipamentos para uso odontomédico-hospitalar; extração de petróleo e gás natural; e – produtos derivados do petróleo;

- 30% (trinta por cento) para os setores de: produtos químicos; vidros e de produtos do vidro; celulose, papel e produtos de papel; e metalurgia;

A aplicação da margem ocorre sobre o valor líquido de venda do produto, porém, proporcionalizado em relação ao valor do item importado, com a aplicação do percentual de participação dos bens direitos ou serviços, conforme determinado acima.

---

[82] Ibidem. §12, artigo 18.

e) **preço parâmetro:** a diferença entre o valor da participação do bem, direito ou serviço importado no preço de venda do bem, direito ou serviço vendido, e a "margem de lucro" estabelecida na legislação. Por fim, para encontrarmos o preço parâmetro, deve-se diminuir o valor da margem de lucro, calculada sobre a participação do bem, direitos ou serviços importados no preço de venda do valor líquido de venda do produto, proporcionalizado em relação ao percentual do produto importado no custo do produto vendido.

A aplicação do método fica mais didática se aplicarmos no nosso exemplo, replicado abaixo:

6.4.1. Exemplo de Aplicação no Caso Concreto e Demonstração do Efeito para o Contribuinte

Voltando ao nosso exemplo para aplicar o método PRL, temos o seguinte:

Importação do exterior de pessoa vinculada

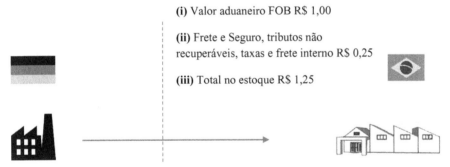

(i) Valor de venda da mercadoria R$ 1,00

(i) Valor aduaneiro da mercadoria, sem seguro, e sem o frete internacional, contratado sob o *incoterm* FOB (*Free on Board*), ou seja, o preço que o vendedor, no caso a matriz, coloca no embarque em seu país.

(ii) Agora, além do frete e seguro internacional, após o desembaraço aduaneiro e pagamento de todos os impostos, contribuições e taxas para nacionalização, somando-se ao frete interno no país, chegamos em um custo adicional de R$ 0,25 (vinte e cinco centavos), para trazer a mercadoria até o estoque da empresa.

(iii) O valor total no estoque significa o preço do produto e todos os gastos inerentes para nacionalização e custo de transporte até a empresa.

Revenda de importação de parte vinculada

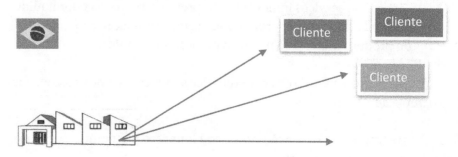

(iv) Custo no estoque R$ 1,25
(v)   Margem aplicada no Brasil sobre o custo no estoque de 15% (apenas a título de exemplo)
(vi) Valor líquido de **venda da mercadoria R$ 1,44** (sem os tributos da venda)

O cálculo do preço parâmetro, que será comparado com o preço praticado, na importação, (FOB) de R$ 1,00 (um real), ocorrerá dá da seguinte forma:

a. primeiro temos que identificar o valor médio líquido de Valor líquido de venda[83]: no nosso caso é R$ 1,44 (um real e quarenta e quatro centavos);
b. depois a regra manda identificar o percentual de proporção entre a média do (i) valor importado (FOB) em relação à média do (ii) custo total no estoque, no nosso caso seria a proporção de R$ R$ 1,00/ R$1,25 = 80% (oitenta por cento).

Essa participação é calculada para separar no preço líquido de venda a parcela vendida que corresponde ao item importado, pois, somente

---

[83] BRASIL. Inciso I, Artigo 12, da Instrução Normativa, da Receita Federal do Brasil nº 1.312, de 28 de dezembro de 2012. Disponível em: http://normas.receita.fazenda.gov.br/sijut2consulta/link.action?visao=anotado&idAto=39257. Acesso em: 30/04/2016. Conforme estabelece a o artigo preço líquido de venda: a média aritmética ponderada dos preços de venda do bem, direito ou serviço produzido, diminuídos dos descontos incondicionais concedidos, dos impostos e contribuições sobre as vendas e das comissões e corretagens pagas.

a parcela importada que merece ser verificada e não o conteúdo nacional e custos nacionais.

c. devemos calcular agora a participação do item importado no preço líquido de venda: Aplicando o percentual encontrado sobre o valor de R$ 1,44 (um real e quarenta e quatro centavos), ou seja, R$ 1,44 multiplicado por 80% (oitenta por cento); para chegarmos no valor de, R$ 1,15 (um real e quinze centavos);

d. após verificado o valor liquido de venda proporcional ao item importado que compõe o custo final deve se aplicar as margens[84] estabelecidas na legislação: para esse caso vamos aplicar a regra geral de R$1,15 (um real e quinze centavos) multiplicado por 20% (vinte por cento) = R$0,23 (vinte e três centavos); e

e. por fim, temos o preço parâmetro para fins de comparação, diminuindo a margem do valor da participação: R$1,15 (-) R$0,23 = R$0,92 (noventa e dois centavos). Resumindo o cálculo conforme quando abaixo:

IN nº 1312/12/Lei nº 12.715/12

a. Preço líquido de venda	R$ 1,44
Custo do produto vendido (CMV)	R$ 1,25
Preço na importação FOB	R$ 1,00
b. Participação	R$ 1,00/R$ 1,25 = 80%
c. Base para aplicar a margem de 20%	R$ 1,44*80%= R$ 1,15
d. Margem de 20%	R$ 0,23
e. Preço parâmetro PRL	R$ 1,15 (-) R$ 0,23 = R$ 0,92

---

[84] Ibidem. § 10. As margens a que se refere o inciso IV do caput serão aplicadas de acordo com o setor da atividade econômica da pessoa jurídica brasileira sujeita aos controles de preços de transferência e incidirão, independentemente de submissão a processo produtivo ou não no Brasil, nos seguintes percentuais:
I – 40% (quarenta por cento), para os setores de: a) produtos farmoquímicos e farmacêuticos; b) produtos do fumo;c) equipamentos e instrumentos ópticos, fotográficos e cinematográficos;d) máquinas, aparelhos e equipamentos para uso odontomédico-hospitalar;e) extração de petróleo e gás natural; e f) produtos derivados do petróleo;
II – 30% (trinta por cento) para os setores de: a) produtos químicos; b) vidros e de produtos do vidro; c) celulose, papel e produtos de papel; ed) metalurgia; e
III – 20% (vinte por cento) para os demais setores.

Comparação entre o preço parâmetro de R$ 0,92 (noventa e dois centavos), com o preço praticado na importação de R$ 1,00 (um real), se dá da seguinte forma:

i) se o valor calculado for maior ou igual ao valor importado não haverá ajuste;
ii) no entanto, se o preço calculado for menor que o preço praticado na importação essa diferença deverá ser ajustada, através de uma adição no LALUR = R$1,00 (-) R$0,92 = R$0,08 (oito centavos).

Nesse caso estamos falando de apenas um item, então o seu ajuste deverá ser multiplicado pela quantia vendida ou consumida no produto vendido, no ano i.e. 1000.000,00 (um milhão) itens vendidos = 1.000.000 x 0,08, o ajuste seria de R$ 80.000,00 (oitenta mil reais).

Conforme aplicamos anteriormente, existe a previsão na legislação[85], para considerar satisfatório uma variação de 5% (cinco por cento) o preço parâmetro. Portanto no nosso exemplo acima, se o preço fosse R$ 0,95 (noventa e cinco centavos), não haveria ajuste, pela aplicação da margem de divergência.

6.4.2. Margens do PRL

A utilização de margens determinadas de antemão pela legislação, para realização do cálculo do preço parâmetro, na aplicação do método PRL, vai em sentido oposto do que determina o princípio *arm's length*. Na opinião de ÁVILA[86]:

> O mais contundente argumento contrário às margens predeterminadas repousa na brutal ofensa que este mecanismo impõe à realização do princípio *arm's length*. Não há qualquer compromisso entre as margens fixadas pelo legislador e as margens *arm's length* que inspiram o cenário internacional.

---

[85] BRASIL. §1º, Artigo 51, da Instrução Normativa, da Receita Federal do Brasil nº 1.312, de 28 de dezembro de 2012. Disponível em: http://normas.receita.fazenda.gov.br/sijut2consulta/link.action?visao=anotado&idAto=39527. Acesso em: 30/04/2016.

[86] Cf. Humberto Ávila, Teoria da Igualdade Tributária. São Paulo: Malheiros, 2008, p. 95; e Ricardo Marozzi Gregorio, Preços de transferência – *arm's length* e praticabilidade, ob. cit., p. 2070 *in* GREGORIO, Ricardo Marozzi. Restrições da Comparabilidade, Margens Predeterminadas e Liberdade da Escolha de Métodos.Tributos e preços de transferência, 4º volume. Luís Eduardo Schoueri (coord.). São Paulo: Dialética 2013, p. 358

Nenhum estudo econométrico pré-legislativo foi apresentado neste sentido. A padronização perpetrada pelos mecanismos de praticabilidade deveria obedecer, dentre outros, ao pressuposto da generalidade, isto é, deve ser adequada para a maior parte dos contribuintes, de modo que eventuais discrepâncias do padrão em relação à média das ocorrências dos fatos não podem ser excessivas.

Como apontam SCHOUERI, SANTIAGO e LOBATTO[87]:

(...) a utilização de margens fixas é medida de praticabilidade fiscal, uma vez que torna mais simples a aplicação da legislação de preços de transferências. Contudo, as margens fixas, por não serem nada além de uma prefixação, muitas vezes não refletem a realidade da transação realizada, podendo gerar no caso concreto uma colisão entre praticabilidade de um lado e capacidade contributiva subjetiva/materialidade do fato gerador do tributo (IRPJ/CSLL) do outro.

Para ROCHA[88]:

O modelo brasileiro de preço de transferência, baseado em margens fixas de lucro, em diversos casos concretos, acaba por desconsiderar a realidade econômica da transação realizada. Se muitas vezes tal fato tem como consequência a consideração de uma margem de lucro acima do valor de mercado, em outros viabiliza a realização de planejamentos tributários por parte dos contribuintes.

As margens predeterminadas não se adequam ao movimento do mercado, que está relacionado ao preço praticado entre as partes de acordo com volatilidade da economia de cada país, violando o princípio *arm's length* que sustenta a aplicação das regras de preço de transferência.

7. Interpretação do Fisco e Contribuinte: Instrução Normativa X Lei

Com relação à discussão a respeito da aplicação do PRL sob a égide da lei nº 9.430/96 em relação à IN RFB nº 243/2002. A divergência foi teorica-

---

[87] SCHOUERI, Luís Eduardo. Margens predeterminadas, praticabilidade e capacidade contributiva. In: Shoueri, Luís Eduardo (coord.) Tributos e preços de trenferência. V.3. São Paulo: Dialética, 2009, p.119, *in* Marco Aurélio Greco e Sergio André Rocha. Manual de Direito Tributário Internacional São Paulo: Dialética, 2012, p. 379
[88] ROCHA, Sérgio André. Tributação Internacional. São Paulo: Quartier Latin, 2013, p.338.

mente encerrada com a alteração da legislação pela Medida Provisória nº 563 de 3 de abril de 2012, convertida na Lei nº 12.715/12. A aplicação das alterações era facultativa para o ano fiscal de 2012, porém obrigatória para o ano fiscal de 2013. No entanto, ainda existem discussões no âmbito administrativo e no judiciário, referente à períodos anteriores.

A discussão em relação ao cálculo do preço de transferência aplicando o método PRL girava em torno de duas questões principais:

(i) inclusão ou não dos valores frete e seguro internacional e imposto de importação como parte do preço praticado entre as partes; e
(ii) diferentes formas de calcular o preço parâmetro (que se compara com o preço entre as partes): de um lado a aplicação literal do dispositivo previsto em lei e de outro, a exigência da aplicação de um método decorrente da interpretação da Lei e o que estava regulamentado na IN RFB nº 243/2002. Vejamos.

Iniciamos pela inclusão ou não dos valores frete e seguro internacional e imposto de importação como parte do preço praticado entre as partes. Composição do preço praticado (entre as partes) na época:

A Lei nº 9.430/96, no parágrafo 6º do seu artigo 18, determinava que "integram o custo, para efeito de **dedutibilidade**, o valor do frete e do seguro, cujo ônus tenha sido do importador e os tributos incidentes na importação" [89].

Já a Instrução Normativa, no parágrafo 4º de seu artigo 4º, regulou que: "para efeito de apuração do preço a ser utilizado como parâmetro, calculado com base no método PRL, serão integrados ao preço **praticado na importação** os valores de transporte e seguro, cujo ônus tenha sido da empresa importadora, e os de tributos não recuperáveis, devidos na importação" [90].

No entanto, a Lei não mencionou que poderiam ser integrados ao preço praticado entre as partes valores de transporte e seguro, "cujo ônus tenha

[89] BRASIL. §6º, Artigo 18, da Lei nº 9.430, de 27 de dezembro de 1996. Disponível em: http://www.planalto.gov.br/ccivil_03/leis/L9430. Acesso em: 30/04/2016. Revogado pela Lei nº 12.715, de 17, de setembro de 2012.

[90] BRASIL. § 4º, do Artigo 4º, da Instrução Normativa, da Receita Federal do Brasil nº 243, de 11 de novembro de 2012. Disponível em: http://normas.receita.fazenda.gov.br/sijut2consulta/link.action?visao=anotado&idAto=39257. Acesso em: 30/04/2016. Revogado pela Instrução Normativa, da Receita Federal do Brasil nº 1.312, de 28 de dezembro de 2012.

sido da empresa importadora, e os tributos não recuperáveis devidos na importação", conforme dispõe a IN RFB citada acima. Tanto não mencionou nada disso que os referidos preços sequer podem ser manipulados, pois são pagos à terceiros. Tal previsão vai de encontro com o princípio do preço de transferência descrito anteriormente.

Pois bem, entendo que, a intenção do legislador era garantir a dedutibilidade dessas despesas com o frete e seguro internacional, por isso até usou a expressão "para efeito de **dedutibilidade**". Pois, se o legislador quisesse, mesmo, que os valores fossem considerados no preço praticado, entre as partes, usaria a expressão: "para efeito de **comparabilidade**".

Ou seja, se já está garantida a dedutibilidade, não há o que se falar em verificar o ajuste/indedutibilidade, desses valores, que se daria pela adição de parte desses valores à base de cálculo do IRPJ e da CSLL, após realização do cálculo, se houvesse o ajuste.

Nesse sentido, voltando ao nosso exemplo, em uma operação em que o preço da mercadoria importada de vinculada (FOB) é de R$1,00 (um real) e os custos contábeis, tais como, seguro e frete internacional e imposto de importação, seja de R$0,20 (vinte centavos). A única parcela sujeita à alteração será o preço de R$ 1,00 (um real).

A incongruência normativa continua, quando a Instrução Normativa cria uma nova maneira de realizar o cálculo do preço parâmetro. (ii. Discussão sobre as duas formas de calcular o preço parâmetro)

Na época, o método PRL era dividido em dois: (i) PRL20 e (ii) PRL60[91]. Em suma o PRL20 era aplicado para importações direcionadas às revendas puras[92], onde se exigia uma margem de 20% (vinte por cento). Já o PRL60 era exigido para itens que fizeram parte de um processo de fabricação.

Não havia muitas reclamações para aplicação do PRL20, pois era muito simples e muito favorável ao contribuinte, a regra era a aplicação do valor de 20% (vinte por cento) sobre o preço constante na nota fiscal de venda, ou seja, o valor bruto (com a margem impostos sobre a venda, etc.).

---

[91] O surgimento da margem de 60% (sessenta por cento) ocorreu com o advento da Lei nº 9.959/2000, depois da Receita Federal do Brasil estabelecer, por meio de ato administrativo, que a margem de 20% não poderia ser utilizada na hipótese do bem importado, sujeito ao controle, se aplicado à produção.

[92] Situações em que a subsidiária/empresa brasileira apenas importava e revendia o produto, sem que tivesse nenhum processo de industrialização.

Aplicando no nosso exemplo a venda líquida ocorreu com é R$ 1,44 (um real e quarenta e quatro centavos) incluindo os tributos incidentes sobre a venda, ICMS[93] (18%) e as contribuições PIS/COFINS[94] (9,25%) no preço, pois a margem era aplicada sobre o valor bruto da nota fiscal, o valor bruto ficaria em R$1,44/(1-18%-9,25%) = R$ 1,98, o cálculo do preço parâmetro era assim determinado[95]:

Preço parâmetro PRL20 = R$1,98 (-) (R$1,98 x 20%)= R$1,58

Esse resultado deveria ser comparado com o valor da aquisição segundo a IN: valor da mercadoria + seguro + frete + Imposto de Importação. Quase nunca gerava ajuste, pois o ICMS e PIS/COFINS faziam o papel de margem bruta.

Já na aplicação do PRL60 os valores ficavam altamente majorados, a começar pela margem. Nesse sentido, há que se fazer a seguinte pergunta: quem poderia ou pode aplicar uma margem de 60% (sessenta por cento)? Será que está de acordo com o preço de mercado que busca o princípio *arm's length*?

A lei dispunha da seguinte forma sobre o cálculo: partia-se do valor líquido de venda, descontava-se, os impostos/contribuições sobre a venda, eventuais comissões e corretagens e o **valor agregado** no país. Nos termos do §6º do artigo 18 da Lei nº 9.430/96 [96]:

> Artigo 18 (...)
> (...)
> § 6º
> (...)
> II – Método do Preço de Revenda menos Lucro - PRL: definido como a média aritmética dos preços de revenda dos bens ou direitos, diminuídos:

---

[93] ICMS: Imposto sobre operações relativas à Circulação de Mercadorias e sobre prestações de Serviços de transporte interestadual, intermunicipal e de comunicação.
[94] Contribuições PIS/COFINS: PIS: Programas de Integração Social e COFINS: Contribuição para Financiamento da Seguridade Social.
[95] Ibidem. Artigo 12º, da IN RFB n º 243/2002, revogada pela IN RFB nº 1312/2012
[96] BRASIL. §6º, Artigo 18, da Lei nº 9.430, de 27 de dezembro de 1996. Disponível em: http://www.planalto.gov.br/ccivil_03/leis/L9430. Acesso em: 30/04/2016. Alterado pela Lei 12.715, de 17, de setembro de 2012.

a) dos descontos incondicionais concedidos;
b) dos impostos e contribuições incidentes sobre as vendas;
c) das comissões e corretagens pagas;
d) da margem de lucro de: 1. sessenta por cento, calculada sobre o preço de revenda após deduzidos os valores referidos nas alíneas anteriores e do valor agregado no País, na hipótese de bens importados aplicados à produção; (grifa-se)

Tal normativa tinha, também, era reproduzida na Instrução Normativa RFB nº 32/2001 (§11, do artigo 12), que foi revogada pela IN RFB nº 243/2002.

7.1. Cálculo Realizado conforme a Lei Nº 9.430/96 (antes da Lei nº 12.715/12)

Aplicando-se o texto da Lei, ao nosso exemplo anteriormente estabelecido, imaginando agora que o referido item sofreu uma industrialização:

a. Partia-se do **valor líquido de venda de** R$ 1,44 (um real e quarenta e quatro centavos);
b. Depois era necessário verificar o **custo do produto vendido**; no nosso caso, de R$ 1,25 (um real e vinte e cinco centavos);
c. O **valor da mercadoria importada** (FOB) era de R$ 1,00 (um real);
d. A lei falava em **valor agregado** no país, ou seja, a diferença entre o custo no estoque do produto importado usado na fabricação, portanto R$ 1,00 (-) R$ 1,25 = R$ 0,25 (vinte e cinco centavos)
e. A aplicação da margem de 60% era realizada sobre a diferença entre o **valor líquido de venda** e o **valor agregado** no país, no nosso caso: R$ 1,44 (-) R$ 0,25 = R$ 1,19 x 60% = R$ 0,71 (setenta e um centavos); e
f. Por fim, o preço parâmetro era atingido pela subtração do **valor líquido de venda (a.)** da **margem de 60% (e.)** calculada sobre a diferença do próprio **valor líquido de venda (a.)** e o **valor agregado (d.)**, no país: R$ 1,44 (-) R$ 0,71 = R$ 0,73 (setenta e três centavos).

7.2. Cálculo Realizado nos Termos da IN RFB nº 243/2002

Já com base na interpretação da IN o cálculo do preço parâmetro era realizado, exatamente, no mesmo formato de hoje, porém, com a aplicação da margem de 60%[97]. Aplicando a metodologia da IN RFB nº 243/2002, novamente, em nosso exemplo, temos o seguinte:

a. Primeiro tem-se que identificar o valor médio líquido de **valor líquido de venda**[98]: **no nosso caso é R$ 1,44 (um real e quarenta e quatro centavos)**;
b. Depois a regra manda identificar o percentual de proporção entre a média do (i) valor importado (FOB) em relação à média do (ii) **custo total do produto vendido**, no nosso caso seria a proporção de R$ 1,00/R$ 1,25 = 80% (oitenta por cento).
Essa **participação** é calculada para separar no preço líquido de venda, apenas, a parcela vendida, com a respectiva margem, que corresponde ao item importado.
c. Deve-se encontrar, agora, a **participação** do item importado **no preço líquido de venda**: Aplicando o percentual, da proporção, encontrado sobre o valor de R$ 1,44, ou seja, 80% x R$ 1,44 = R$ 1,15 (um real e quinze centavos);
d. Após verificado o **valor liquido de venda proporcional** ao item importado que compõe o custo final aplicava-se a margem de 60% x R$ 1,15 = R$ 0,69 (sessenta e nove centavos); e
e. Por fim, temos o preço parâmetro para fins de comparação diminuindo o **resultado da aplicação da margem (d.)** do valor da **participação sobre o valor líquido de venda (c.)** R$ 1,15 (-) R$ 0,69 = R$ 0,46 (quarenta e seis centavos).

Comparando os dois métodos nós chegamos em uma diferença muito alta entre a operação conforme a Lei – R$ 0,73 (setenta e três centavos) e a IN – R$ 0,46 (quarenta e seis centavos) – da ordem de R$ 0,27 (vinte e sete centavos). Imagine isso em volumes altos de operação, principalmente entre vinculadas, multinacionais.

---

[97] A lei nº 12.715/2012 trouxe a mesma disposição contida na IN RFB nº 243/2002, com relação à metodologia para alcançar o preço parâmetro, porém com novas margens.
[98] BRASIL. Inciso I, do Artigo 12, da Instrução Normativa, da Receita Federal do Brasil nº 1312, de 28 de dezembro de 2012. Disponível em: http://normas.receita.fazenda.gov.br/sijut2consulta/link.action?visao=anotado&idAto=39457. Acesso em: 30/04/2016. Conforme estabelece o artigo preço líquido de venda: a média aritmética ponderada dos preços de venda do bem, direito ou serviço produzido, diminuídos dos descontos incondicionais concedidos, dos impostos e contribuições sobre as vendas e das comissões e corretagens pagas.

Para MARCHANT[99]:

> O PRL 60 segundo a Lei nº 9.430 possuía claro efeito indutor para que as empresas multinacionais concentrassem sua produção no Brasil. No entanto, a referida sistemática se mostrou ineficaz no controle de preços de transferência para as empresas que têm alto valor agregado. A sistemática da IN RFB nº 243 possui distorções relevantes, especialmente pelo fato de tratar da mesma forma as empresas que agregam pouco e muito valor no Brasil, ao contrário do que determinava a Lei n. 9.430, que incentivava que as empresas produzissem no Brasil.

HIGUCHI[100] entende que:

> A Receita Federal expediu a IN RFB nº 243, de 11.11.2002, que altera profundamente os cálculos para determinação do preço de comparação dos bens e serviços importados para fins de determinação do lucro real e da base de cálculo da CSLL, com base no método em questão", e continuam, "comparando a metodologia de cálculo do preço de comparação, constante do art. 12 da revogada IN nº 32, de 29.03.2001, com a do art. 12 da IN nº 243, de 11.11.2002, nota-se aumento na carga tributária do IRPJ e da CSLL em decorrência da diminuição do preço de comparação.

Na opinião de BIANCO e FAJERSZTAJN[101]:

> Em verdade, basta uma comparação superficial entre os textos do artigo 18 da Lei nº 9.430/1996 e do artigo 12 da IN RFB n. 243/2002, para verificar que as suas metodologias de cálculo são completamente distintas, o que trouxe à tona a discussão acerca da ilegalidade, ou não, do ato normativo editado pela administração tributária.

---

[99] MARCHANT, Diego, Uma Visão analítica do PRL 60, a Delimitação dos Problemas da IN n. 243 e da Lei n. 9.430, *in* Luís Eduardo Schoueri (coord.). Tributos e preços de transferência, 4º volume. São Paulo: Dialética 2013, p. 50

[100] HIGUCHI, Hiromi. Imposto de Renda das Empresas, Interpretação e prática. São Paulo: IR Publicações, 38 ª ed., 2013, p. 149.

[101] BIANCO, João Francisco e FAJERSZTAJN, Bruno, Preço de Transferência – O Método do PRL60 Ilegalidade Ilógica. Luís Eduardo Schoueri (coord.). Tributos e preços de transferência, 4º volume. São Paulo: Dialética 2013, p. 144.

Diante da grande diferença do resultado dos preços, gostaria de demonstrar os dois cálculos, para verificarmos onde eles se diferenciam:

	Lei nº 9.430/96	**IN nº 243/2002**
Preço líquido de venda	R$1,44	R$1,44
Custo do produto vendido (CMV)	R$ 1,25	R$ 1,25
Preço na importação FOB	R$ 1,00	R$ 1,00
*Valor Agregado para lei /**Participação para IN	*0,25	**80%
Base para aplicar a margem de 60%	R$1,44(-) R$0,25 = R$ 1,19	R$ 1,44*80%= R$ 1,15
Margem de 60%	R$ 0,71	R$ 0,69
Preço parâmetro PRL60	R$ 1,44 (-) R$ 0,71 = R$ 0,73	=1,15 (-) 0,69 = R$ 0,46

Percebe-se que até a base de cálculo para aplicação da margem os métodos estão praticamente idênticos, porém a distorção aparece na última equação: conforme dispõe a lei o resultado da aplicação da margem de 60% (sessenta por cento) seria diminuído do valor líquido de venda. Já a interpretação da IN RFB nº 243/2002 traz uma proporcionalização do valor líquido de venda em razão da participação do item importado no custo total do produto vendido.

Fica a pergunta: será que instrução extrapolou ou não o que determina a lei? Entendo que extrapolou, pois criou-se uma norma diferente. Pode até ser o mais correto, mas não encontra o necessário e devido respaldo legal.

A outra grande aberração existe na hora de comparar o valor do preço parâmetro encontrado com o preço praticado entre as partes. Para encontrar-se o eventual ajuste ou apenas validar o custo a comparação do preço parâmetro, conforme calculado, com o preço praticado entre as partes na importação deve ser realizada.

A instrução normativa prevê, no parágrafo 4º, do artigo 4º, que "serão integrados ao preço **praticado na importação** os valores de transporte e seguro, cujo ônus tenha sido da empresa importadora, e os de tributos não recuperáveis, devidos na importação". Já quando se aplicava a lei o preço praticado na importação é o valor da mercadoria, sob o *incoterm* F.O.B. Comparação conforme a tabela abaixo, com os números retirados dos exemplos acima.

	Lei nº 9.430/96	IN nº 243/2002
Preço praticado premissa Lei vs IN	FOB R$ 1,00	CIF + Imposto de Importação = R$1,20
Ajuste no item	R$ 0,73 (-) R$ 1,00 = R$ 0,27	R$ 0,46 (-) R$ 1,20= R$ 0,74
Multiplicando pela quantidade importada 1.000.000 exemplificativa	R$1.000.000 x R$ 0,27 = R$ 270.000,00	R$1.000.000 x R$ 0,74 = R$ 740.000,00
Diferença de ajuste entre os métodos	R$ 470.000,00	

Na comparação entre as duas metodologias se verificava sempre um ajuste muito maior quando se aplicavam as regras previstas na IN RFB nº 243/2002.

O Conselho Administrativo de Recursos Fiscais do Ministério da Fazenda ("CARF")[102] entendeu que o frete e seguro, quando pagos a partes não vinculadas (bem como imposto de importação), não podem integrar o cálculo do preço de transferência, o que é totalmente coerente com a legislação, tendo em vista que esta tem como propósito impedir a transferência indireta de lucros de um país para outro, e isso só é possível quando as duas pontas da operação são vinculadas. Segundo OLIVEIRA[103]: "Em

---

[102] BRASIL. Conselho Administrativo de Recursos Fiscais (CARF), Processo n. 16327.000966/202-74. Preço de Transferência. PRL. Inclusão de custos com Frete, Seguro e Imposto de Importação na apuração do custo.

[103] OLIVEIRA, Vivian de Freitas e Rodrigues, Preços de Transferência Como Norma de Ajuste do Imposto Sobre a Renda, São Paulo: Noeses, 2015, p. 157.

havendo pagamento a terceiros, não vinculados, presume-se operação em condição de mercado, o que afasta, por si só, a necessidade de teste do preço praticado".

No que se refere ao cálculo do preço parâmetro, os contribuintes ingressaram com medidas judiciais, no intuito de demonstrar que o ato das autoridades fiscais extrapolou o poder regulamentar que lhes é garantido. Porém, houveram decisões, favoráveis e contrárias, perante os tribunais federais. Mas, o tema ainda não chegara ao Superior Tribunal de Justiça.

Para resolver a situação, foi publicada a Lei nº 12.715/2012; em sua exposição de motivos, ficou estabelecido, dentre outras alterações[104]: (i) a substituição dos atuais métodos do Preço de Revenda menos Lucro – PRL20 e PRL60; (ii) a aplicação, para fins de cálculo do PRL, de margens de lucro diferenciadas por setores da atividade econômica; e (iii) a não consideração de montantes pagos a entidades não vinculadas ou a pessoas não residentes em países de tributação favorecida ou ainda a agentes que não gozem de regimes fiscais privilegiados a título de fretes, seguros, gastos

---

[104] Entre essas alterações, merecem destaque as seguintes: a) substituição dos atuais métodos do Preço de Revenda menos Lucro – PRL20 e PRL60, aplicáveis, respectivamente, a hipóteses nas quais os bens importados sejam exclusivamente revendidos ou sejam submetidos a processos produtivos no Brasil, a um único método de cálculo de preço parâmetro, o que fará com que os controles em questão não mais sejam relevantes na tomada de decisões quanto à forma de atuação das entidades sujeitas aos controles de preços de transferência no Brasil, bem como eliminará inúmeros litígios concernentes à conceituação do que venha a ser "submissão a processo produtivo no País", fator este de enorme insegurança jurídica no que toca à matéria; b) aplicação, para fins de cálculo do PRL, de margens de lucro diferenciadas por setores da atividade econômica; c) não consideração de montantes pagos a entidades não vinculadas ou a pessoas não residentes em países de tributação favorecida ou ainda a agentes que não gozem de regimes fiscais privilegiados – a título de fretes, seguros, gastos com desembaraço e impostos incidentes sobre as operações de importação – para fins de cálculo do preço parâmetro pelo método PRL, vez que tais montantes não são suscetíveis de eventuais manipulações empreendidas com o intuito de esvaziar a base tributária brasileira; d) instituição de método único de cálculo de preço parâmetro nas hipóteses de importação ou exportação de **commodities** que tenham cotação internacional em bolsa de mercadorias ou congêneres, e que sejam alcançados mediante negociações de mercado de agentes econômicos com interesses contrapostos, no que concerne à formação de preços; e) concepção de um relacionamento Fisco-Contribuinte que, sem descurar do princípio constitucional da ampla defesa, garanta efetividade ao poder de polícia necessário à atuação da autoridade fiscal; f) previsão de edição de ato infralegal anual, de competência do Ministro de Estado da Fazenda, que contenha, para as operações de mútuo sujeitas aos controles de preços de transferência, o **spread** médio observado, no período em questão.

com desembaraço e impostos incidentes sobre as operações de importação, conforme transcrito trecho abaixo[105]:

> **Item 62.** Entre essas alterações, merecem destaque as seguintes:
> a) substituição dos atuais métodos do Preço de Revenda menos Lucro – PRL20 e PRL60, aplicáveis, respectivamente, a hipóteses nas quais os bens importados sejam exclusivamente revendidos ou sejam submetidos a processos produtivos no Brasil, a um único método de cálculo de preço parâmetro, o que fará com que os controles em questão não mais sejam relevantes na tomada de decisões quanto à forma de atuação das entidades sujeitas aos controles de preços de transferência no Brasil, bem como eliminará inúmeros litígios concernentes à conceituação do que venha a ser "submissão a processo produtivo no País", fator este de enorme insegurança jurídica no que toca à matéria;
> b) aplicação, para fins de cálculo do PRL, de margens de lucro diferenciadas por setores da atividade econômica;
> c) não consideração de montantes pagos a entidades não vinculadas ou a pessoas não residentes em países de tributação favorecida ou ainda a agentes que não gozem de regimes fiscais privilegiados – a título de fretes, seguros, gastos com desembaraço e impostos incidentes sobre as operações de importação – para fins de cálculo do preço parâmetro pelo método PRL, vez que tais montantes não são suscetíveis de eventuais manipulações empreendidas com o intuito de esvaziar a base tributária brasileira(...)

Ou seja, a lei em questão legalizou a sistemática prevista na IN RFB nº 243/2002, esclareceu a questão da não inclusão do frete, seguro internacional e tributos não recuperáveis na importação, no preço praticado, reduziu a margem de 60% (sessenta por cento), para 20% (vinte por cento) e especificou outras margens conforme setores de atividade de 30% (trinta por cento) e 40% (quarenta por cento).

Com essa alteração, e a partir da leitura do texto da exposição de motivos da MP nº 563/2012, fica claro que a IN RFB nº 243/2002 extrapolou limites determinados pela Lei. Diante dessa polêmica e da aplicação da margem absurda de 60% (sessenta por cento) viu-se sepultado o princípio *arm's length*, com relação a aplicação desse método, chamado PRL60.

---

[105] Exposição de motivos da Lei nº 12.715/2012.

Não há espaço para comparar às diretrizes da OCDE uma metodologia que, além de alterar um dispositivo previsto em lei, aplica uma margem bruta de 60% (sessenta por cento), e compara com um preço praticado não só com a vinculada ou pessoas em paraíso fiscal/regimes privilegiados, mas com a transportadora e seguradora internacional e o próprio Fisco com a inclusão do imposto de importação.

Contudo, há que se perguntar se a nova Lei colocou um ponto final na discussão. Em minha opinião ela gera outras dúvidas, como por exemplo, a relativa aos setores listados. Como serão definidos os setores? Se a empresa produz uma embalagem plástica para uma indústria farmacêutica a qual setor eu pertenço? Químico ou fármaco? Se ela está filiada ao sindicato dos metalúrgicos, porém apenas realiza montagem, ela está no setor da metalurgia?

Na opinião de ROCHA[106]:

> Verificamos que o novo modelo de margens predeterminadas estabelecidos para o PRL não deve atingir a finalidade mencionada na Exposição de Motivos da Lei nº 12.715/2012, no sentido de reduzir os litígios envolvendo preços de transferência. Com efeito, a utilização dos diversos *tipos de setores de atividade econômica* abre a porta para diversas dúvidas a respeitos da aplicação em casos concretos. Já que a IN RFB nº 1.312/2012 não cuidou de concretizar mais as atividades econômicas sujeitas à aplicação de percentual de lucro específico, acreditamos que potenciais divergências interpretativas possam dar origem a uma nova onda de controvérsias entre Fisco e contribuintes.

8. O Preço de Transferência sob as Diretrizes da OCDE na Importação de Bens e Serviços

A OCDE é uma organização internacional composta por 35 (trinta e cinco) países e tem por objetivo coordenar políticas econômicas e sociais. Segundo DUARTE[107]:

> Não se deve confundir a análise dos preços de transferência com as investigações das fraudes ou da evasão fiscal, ainda que as regras dos preços de transferência tentem evitar que ocorram. Quando os preços de transferência não

---

[106] ROCHA, Sergio André. Tributação Internacional. São Paulo: Quartier Latin, 2013, p. 355.
[107] DUARTE, Sérgio Ilidio Duarte. OCDE – As Normas de Preços de Transferência. São Paulo: Saint Paul, 2007, p. 29.

refletem os preços de mercado, afastam-se daqueles preconizados pelo "princípio da plena concorrência ou *arm's length*" e podem distorcer o montante do imposto devido. Desse modo, os países Membros da OCDE acordaram que, para efeitos fiscais, os lucros das empresas associadas podem ser ajustados, se necessário, para corrigir tais distorções de preços. Nesse sentido, resolveram utilizar como parâmetro para ajuste os preços resultantes das condições comerciais e financeiras que se observariam entre empresas independentes ao realizarem operações idênticas em condições análogas.

Na opinião de OLIVEIRA[108]:

> Partindo da premissa de que o modelo OCDE busca, de fato, reproduzir condições de mercado para fixação de preço de transferência e, dessa forma, compará-lo com o preço praticado pelas partes relacionadas, as Autoridades Fiscais que operam dentro desse regime exigem a manutenção de uma Política de Preço de Transferências, formal e documentada, que deve estar à disposição para ser entregue sempre que solicitada.
>
> (...)
>
> A elaboração de uma política de preços de transferência, no Brasil, nem sequer é exigida pela legislação, admitindo "política de preço de transferência" como um documento fiscal, exigido por lei, que traga um número de informações sobre os critérios de fixação dos preços praticados entre partes relacionadas. No Brasil, há fichas na DIPJ[109] que reflete, fiscalmente os cálculos praticados pelo contribuinte ou não. Os valores das transações são informados, e presume-se respeito à legislação. No entanto, em países-membros da OCDE, essa "política" é exigida pelas Autoridades Fiscais e é documento obrigatório em qualquer companhia que transacione com partes relacionadas em outros países.
>
> (...)
>
> Diferentemente do Brasil, em que o preço de transferência é assunto fiscal, dirigido à apuração do imposto sobre a renda e, dessa forma, no âmbito prático, manejado por via de sistemas de computadores que promovem a aplica-

---

[108] OLIVEIRA, Vivian de Freitas e Rodrigues de. Preços de Transferência como norma de ajuste do imposto sobre a renda. São Paulo: Noeses, 2015, pp. 171 – 175.
[109] A Declaração de Informação Econômico-Fiscal da Pessoa Jurídica ("DIPJ"), de apresentação anual obrigatória por parte das pessoas jurídicas brasileiras ao fisco federal, obrigação acessória, DIPJ, foi substituída pela Escrituração Contábil Fiscal em 2015.

ção das fórmulas matemáticas e, no âmbito teórico, tratado pelos advogados em sua eterna luta contra o Fisco para manutenção dos direitos e dos limites impostos pelo legislador ao exercício da competência tributária, em países da OCDE, trata-se de questões direcionadas aos economistas e administradores das entidades, visando a um ajuste prévio dos preços a à utilização de diretrizes para alocação de lucros distribuídos entre empresas de um mesmo grupo, em que determinada operação é objeto de menor tributação, por exemplo.

O tratamento dado às regras de transferência, no âmbito da OCDE, não tem comparação com o que é estabelecido na nossa legislação. As análises são normalmente realizadas por economistas e administradores da sociedade ou contratados, que com base nas pesquisas dos parâmetros de mercados (*bechmarking*) ajustam os valores praticados entre as partes, previamente ou através da alocação de lucros/margens de acordo com a análise funcional do negócio.

8.1. Conceito de Parte Relacionada no Âmbito da OCDE

De acordo com a Convenção-Modelo da OCDE o conceito de "empresas associadas" está disciplinado no seu artigo 9º quando:

(a) uma empresa de um Estado Contratante participar direta ou indiretamente da direção, controle ou capital de uma empresa do outro Estado Contratante; ou

(b) as mesmas pessoas participarem direta ou indiretamente da direção, controle ou capital de uma empresa de um Estado Contratante e de uma empresa de outro Estado Contratante"; (tradução extraída do artigo 9º do acordo de bitributação entre Brasil e Espanha -Decreto nº 76.975/76).

Segundo SCHOUERI[110]:

> O termo "empresa", por sua vez, é definido, no parágrafo 1º, c, do artigo 3º como "a consecução de qualquer negócio", o que não necessariamente se refere a uma companhia, definida na linha anterior como "qualquer pessoa jurídica ou entidade que é tratada como pessoa jurídica para fins de tributação".

---

[110] SCHOUERI, Luís Eduardo. Preços de Transferência no Direito Tributário Brasileiro. São Paulo: Dialética, 3ª ed., revisada e atualizada, 2013, p.64.

Assim, uma empresa associada não é necessariamente uma companhia associada para os propósitos de um tratado.

Conforme UCKMAR[111]: "Da perspectiva subjetiva, exige-se que as empresas associadas se encontrem numa relação de "controle", embora o Modelo da OCDE não forneça a respeito qualquer definição, que é, portanto, remetida aos ordenamentos dos Estado contratantes".

Na Alemanha, por exemplo, de acordo com a legislação interna, o critério é uma participação significativa, que pode ser definida pela participação no capital ou na influência do negócio da parte, conforme dispõe a sua legislação interna[112]:

Section 1 §2 Foreign Tax Act.
Criterion is a substantial participation. This applies if the participation directly or indirectly amounts to at least 25 percent of taxpayer's capital, whereby the following cases are defined:
– The person holds a substantial participation in the taxpayer,
– The taxpayer holds a substantial participation in that person, or
– A third person hold both in the taxpayer and that person substantial participation
In addition, a directly or indirectly controlling influence, the ability, in agreeing on terms and conditions of a business relationship, to exercise influence based on facts beyond the business relationship or the personal interest in the other party's earning of income also constitutes a related party.

Segundo Hans Weggenman[113]:

Related parties under German tax law are those holding at least a 25 per cent participation control in the other party, directly or indirectly; this also the case in transac-

---

[111] UCKMAR, Victor *et alli*. Manual de Direito Tributário Internacional. São Paulo: Dialética, 2012, p. 110.

[112] ALEMANHA. Código Tributário Estrangeiro. Section 1 §2 Foreign Tax Act. De acordo com a legislação interna, o critério é uma participação significante, direta ou indireta, de pelo menos 25% (vinte e cinco por cento), de pessoas que detém significativa participação, no capital social da empresa ou vice e versa ou algum terceiro que detenha essa participação na empresa ou indiretamente na sócia da empresa. Também, existe a previsão de controle ou influência direta ou indireta, ou seja, decidir nos negócios da outra parte, também, entra no conceito de parte relacionada. (tradução nossa)

[113] WEGGENMANN, Hans R. The inward investment and international taxation review. second edition Londres: Law Business Research Ltd. p.192. Nos termos da legislação fiscal alemã,

tion where a third party holds a 25 per cent participation or control in both parties to the transaction.

Normalmente o conceito de parte relacionada poderá variar de país para país, porém, não é muito diferente do que estabelece a nossa legislação: Determinação de um percentual mínimo de participação e/ou indícios de influência, para que seja configurada a vinculação entre as partes.

8.2. Aplicação do *Arm's Length Principle*

A previsão oficial do princípio *arm's length* está no parágrafo primeiro do artigo nono do modelo de convenção fiscal da OCDE, usado como base para os tratados firmados entre países membros não membros da Organização, que dispõe que [114]:

> [When] conditions are made or imposed between the two [associated] enterprises in their commercial or financial relations which differ from those which would be made between independent enterprises, then any profits which would, but for those conditions, have accrued to one of the enterprises, but, by reason of those conditions, have not so accrued, may be included in the profits of that enterprise and taxed accordingly.

Para SCHOUERI[115], "a OCDE define o preço *arm's length* como aquele que teria sido acordado entre partes não relacionadas, envolvidas nas mesmas transações ou em transações similares, nas mesmas condições ou em condições semelhantes, no mercado aberto".

---

partes relacionadas, são aquelas que detém pelo menos 25% (vinte e cinco por cento) de participação no capital social em outra parte, direta ou indiretamente; também, configura a relação quando um terceiro detém uma participação de 25% (vinte e cinco por cento) do capital social ou controle em ambas as partes para a transação (tradução nossa).

[114] OECD Publishing, OECD Transfer Pricing Guidelines for Multinational Enterprises and Tax Administrations 2010. OECD Publishing, 18. August 2010 Parágrafo 1.6. OECD Transfer pricing guidelines for multinational enterprises and Tax administrations 2009. [Quando] condições forem estabelecidas ou impostas entre duas empresas [associadas] nas suas relações comerciais ou financeiras, por condições aceitas ou impostas que difiram das que seriam estabelecidas entre empresas independentes, os lucros que, sem essas condições, teriam sido obtidos por uma das empresas, mas não foram por causa dessas condições, poderão ser incluídos nos lucros dessa empresa e consequentemente tributados. (tradução nossa)

[115] SCHOUERI, Luís Eduardo. Preços de Transferência no Direito Tributário Brasileiro. São Paulo: Dialética, 3ª ed., revisada e atualizada, 2013, p.65.

O princípio *arm's length* segue a abordagem de tratamento de membros de um grupo de empresas multinacionais como entidades separadas, de acordo com o que determina a OCDE[116]:

> *By seeking to adjust profits by reference to the conditions which would have obtained between independent enterprises in comparable transactions and comparable circumstances, the arm's length principle follows the approach of treating members of an MNE group as operating as separate entities rather than as inseparable parts of a single unified business. Because the separate approach treats the members of an MNE group as if they were independent entities, attention is focused on the nature of the dealings between those members.*

Existe a previsão nas diretrizes da OCDE que autoriza a administração fiscal "a calcular os passivos fiscais e recalcular os números apurados no resultado das empresas associadas, se em razão da relação especial entre as elas não sejam demonstrados "verdadeiros lucros/resultados tributáveis", conforme trecho transcrito abaixo[117]:

---

[116] Ibidem. Parágrafo 1.6 – OECD Transfer pricing guidelines for multinational enterprises and Tax administrations 2009. Ao tentar ajustar os lucros por referência às condições que teriam obtido entre empresas independentes em operações comparáveis e circunstâncias comparáveis, o princípio *arm's length* segue a abordagem de tratamento de membros de um grupo de empresas multinacionais como entidades separadas e não como elementos inseparáveis de um único negócio. Pois, a abordagem separada (*separate approach*) trata os membros de um grupo de empresas multinacionais, como se fossem entidades independentes, a atenção está focada na natureza dos negócios entre esses membros (tradução nossa).

[117] Ibidem. Parágrafo 2.3 – OECD Transfer pricing guidelines for multinational enterprises and tax administrations 2009. O comentário sobre a previsão do parágrafo 1º, do artigo 9º indica que tal previsão autoriza a administração fiscal "a calcular os passivos fiscais e recalcular os números apurados no resultado das empresas associadas, se em razão da relação especial entre as elas não sejam demonstrados "verdadeiros lucros/resultados tributáveis", apurados no respectivo Estado. Os "verdadeiros lucros/resultados tributáveis" são aqueles que teriam sido obtidos, sem que se tivesse aplicada tais condições especiais, que estão fora da aplicação do princípio *"arm's lentgh"*. O comentário salienta que o referido artigo não se aplica quando as operações ocorreram em "condições comerciais normais de mercado (com base no *arm's lentgh*)". Os números podem ser recalculados "apenas se condições especiais foram estabelecidas entre as empresas associadas". Sendo assim, a questão sobre a aplicação do artigo 9º (nono) gira em torno das condições das relações comerciais ou financeiras, entre empresas associadas, se estão em conformidade com o princípio *arm's length* ou se ao invés disso estão sob "condições especiais" (que não obedecem ao princípio) (tradução nossa).

> *The Commentary on paragraph 1 of Article 9 indicates the paragraph 1 authorizes a tax administration "for the purpose of calculating tax liabilities (to) re-write the accounts of the (associated) enterprises if as a result of the especial relations between the enterprises the accounts do not show the true taxable profits arising in that State." The "true taxable profits" are those that would have been achieved in the absence of the conditions that are not arm's length. The Commentary emphasizes that the Article does not apply where transactions have occurred on "normal open market commercial terms (on an arm's length basis)"; accounts may be rewritten "only if special conditions have been made or imposed between the two enterprises." Thus, the issue under Article 9 is whether the conditions in the commercial or financial relations of associated enterprises are arm's length or whether instead one or more "special conditions" exist (i.e. conditions that are not arm's length).*

Na opinião de TORRES[118]:

> " (...) o princípio *arm's length*, que vem se positivando em inúmeros países, é a espinha dorsal da problemática dos preços de transferência. Com a globalização da economia e a intensificação das relações entre as empresas associadas nos diferentes países, tornou-se necessária a regulamentação dos preços e serviços e das mercadorias que podem vir a ser objeto de negócio entre as pessoas vinculadas, a fim de evitar a indevida transferência de lucros. O princípio *arm's length* sinaliza no sentido de que tais preços devem ser os de concorrência ou de mercado, sem superfaturamento ou subfaturamento, isso é, iguais àqueles praticados por empresas independentes, ou, metaforicamente, por empresas situadas 'à distância do braço' (*at arm's length*)".

Afirma DUARTE que: "A aplicação do "princípio da plena concorrência/ *arm's length principle*", em geral, baseia-se na comparação das condições praticadas nas operações entre empresas associadas com aquelas praticadas nas operações entre empresas independentes"[119].

---

[118] TORRES, Ricardo Lobo. Normas de Interpretação e integração do direito Tributário. 4ª ed. Rio de Janeiro: Renovar 2006, pp. 286-287, *in* SCHOUERI, Luís Eduardo (cood.). Direito Tributário: homenagem a Paulo de Barros Carvalho. São Paulo: Quartier Latin, 2008, pp. 835-840 *in* Marco Aurélio Greco e Sérgio André Rocha. Manual de Direito Tributário Internacional São Paulo: Dialética, 2012, p. 112.

[119] DUARTE, Sérgio Ilidio. OCDE – As normas de Preços de Transferência. São Paulo: Saint Paul Editora, 2007, p. 32.

De acordo com MAISTO[120], da definição, proposta pela OCDE, podem-se extrair seis características fundamentais para a compreensão do princípio: Análise transacional; comparação (ou similaridade); contrato de direito privado; características de mercado aberto; características subjetivas, análise funcional, conforme transcrito a seguir:

– análise transacional: o preço *arm's length* deve ser estabelecido a partir de uma transação identificada (ou de um grupo de transações relacionadas) – neste sentido, não se podem considerar conforme ao princípio *arm's length* aqueles métodos que deixem de lado as transações, propriamente ditas, partindo para rateios de resultados globais; por outros lado, a ideia de "transação" é mais ampla do que a de "operação", sendo possível que uma série de operações (por exemplo: peças importadas separadamente para formar um único produto – kit) constitua uma única transação.

– comparação (ou similaridade): a transação identificada (ou o grupo de transações identificado) deve ser comparada com outra transação, similar ou idêntica, hipotética ou real, com características idênticas ou similares – a similaridade ou identidade deve ser suficiente para que se entenda que, afastada a relação entre as partes, na transação controlada, ausente na transação utilizada como parâmetro, inexistam outras diferenças significativas, seja nos produtos propriamente ditos, seja nas condições comerciais.

– contrato de direito privado: o Preço *arm's length* deve levar em conta quaisquer obrigações legais assumidas pelas partes contratantes e, portanto, os efeitos jurídicos da transação não podem (em Princípio) ser desconsiderados. Não cabem, daí os chamados "ajustes transacionais, i.e., não há espaço para desconsiderar a transação efetivamente ocorrida, substituindo por outra que, a ver do julgador, poderia ter ocorrido.

– características de mercado aberto: o preço *arm's length* deve se basear em condições de mercado, refletindo, assim, práticas comerciais normais. Como corolário, o preço *arm's length* somente pode ser estabelecido com base em informações que sejam disponíveis ou acessíveis ao contribuinte no momento em que ocorre a transação. Este é o elemento que implica críticas à prática de diversas administrações tributárias – inclusive a brasileira – de utilizar-se de

---

[120] Cf. Guglielmo Maisto, "General Report", International Fiscal Association, Transfer Pricing in the Absence of Comparable Market Prices, Cahiers de Droit Fiscal International, vol. LXXCIIa, Deventer: Kluwer, 1992, pp. 19 a 75 *in* SCHOUERI, Luís Eduardo, Preços de Transferência no Direito Tributário Brasileiro. São Paulo: Dialética, 3ª ed., revisada e atualizada, p. 39.

dados desconhecidos do contribuinte – (*secret comparables*): Se o que se espera das partes vinculadas é que elas atuem como partes independentes, então devem elas fixar seus preços segundo as práticas correntes no mercado (tal qual um terceiro independente agiria). Havendo práticas no mercado que não são (ou não poderiam ser) conhecidas, então elas não influenciariam a decisão de terceiros independentes na fixação de seus preços. De igual modo, não se pode exigir que tais práticas influenciem a decisão de preços das partes relacionadas.

– características subjetivas: o preço *arm's length* deve levar em conta as circunstâncias particulares que caracterizam a transação. Por esta razão, por exemplo, haverá casos em que não se poderá comparar o preço *arm's length* com o preço de mercado, pois o primeiro deve levar em conta, dentre outros fatores, que um fornecedor pode estar tentando aumentar sua participação no mercado e por isso estabelece preços inferiores aos do mercado.

– análise funcional: a determinação do preço *arm's length* deve levar em conta as funções desempenhadas pelas empresas associadas. A análise funcional é importante para estabeleces se uma transação entre partes independentes é efetivamente comparável; tal análise é ainda mais importante quando não se encontram transações comparáveis, sendo necessário que o contribuinte ou as autoridades fiscais desenvolvam outros métodos para encontrar um preço *arm's length*.

Nas palavras de OLIVEIRA[121], traduzindo as exigências da OCDE para uma política, em geral esta deve conter os seguintes itens obrigatórios, (cada uma dessas etapas deve ser aberta em subitens, tornando o documento completo):

– análise da operação incluindo fatores econômicos e legais que afetam o mercado com uma análise de indústria, onde são avaliados os contextos de mercado, a concorrência, as circunstâncias econômicas da rentabilidade obtida nas operações da empresa e as estratégias utilizadas para manter a rentabilidade. Os riscos pertinentes a cada tipo de segmento da indústria são expostos e avaliados, lembrando que, para o modelo da OCDE, "riscos, funções e ativos" são os principais pontos a serem considerados na avaliação do preço de transferências. A análise da indústria, portanto, situa o contribuinte em dada atividade, avaliando o mercado específico dessa atividade,

---

[121] OLIVEIRA, Vivian de Freitas e Rodrigues, Preços de Transferência Como Norma de Ajuste do Imposto Sobre a Renda, São Paulo: Noeses, 2015, pp. 177 – 179.

competidores, condições de concorrência, produtos, processos e expectativas para o futuro;

– análise funcional: Nesta há descrição das funções desempenhadas pela empresa e, ainda, dentre as funções, a eleição das mais relevantes. A análise funcional traz, ainda, as informações comerciais da atividade, as informações sobre o grupo de empresas envolvidas e as transações do grupo. Em geral, a rentabilidade de uma transação é tanto maior quanto maiores os riscos assumidos e mais valiosos os ativos utilizados. Dentro da análise funcional, é também elaborada uma análise dos riscos de cada transação, que potencialmente afetaria m a empresa. A utilização de cada ativo também é avaliada, assim como questões relativas ao controle, desenvolvimento e uso de bens intangíveis no curso da operação.

– análise econômica: na qual, são selecionados preços, termos contratuais, margens de mercado ou lucratividade comparáveis em transações semelhantes, efetuadas entre partes independentes. Essa avaliação de preços, termos contratuais, margens de mercado ou lucratividade comparáveis leva em consideração as condições de cada negócio, de cada transação e do próprio mercado. Nessa fase, é escolhido o melhor método, que é testado em cada transação.

É notório que a interpretação e aplicação do princípio da plena concorrência (*arm's lenth*) no âmbito da OCDE é sempre no sentido de se encontrar um indicativo confiável de preço, lucro, margem líquida ou bruta, praticado no mercado entre empresas independentes para que seja comparado com o negócio praticado entre as partes relacionadas. Não há qualquer menção nas diretrizes da OCDE de utilização de margens predeterminadas ou fórmulas para determinação de preço comparável. A análise que se faz é com relação à transação em si, responsabilidades envolvidas, riscos assumidos, características do contrato, etc.

8.3. Métodos para Documentação do Preço de Transferência Comparáveis com a Legislação Brasileira

Segundo SCHOUERI[122]:

> Os métodos desenvolvidos pela OCDE baseiam-se na premissa de que a aplicação do princípio *arm's length* implica uma comparação das condições

---

[122] SCHOUERI, Luís Eduardo, Preços de Transferência no Direito Tributário Brasileiro, São Paulo: Dialética, 3ª ed., revisada e atualizada, p. 49.

negociais de uma transação entre empresas ligadas (transação controlada – *controlled transaction*) com aquelas prevalecentes em transação entre empresas independentes.

Na opinião de MARCHANT[123]:

O modelo brasileiro adotou apenas os métodos conhecidos como tradicionais pelas *Guidelines* da Organização para a cooperação e Desenvolvimento Econômico (OCDE), quais sejam os métodos de comparação, de custo mais lucro e de preço de revenda menos lucro, deixando de lado os métodos transacionais, os quais são largamente aplicados no exterior.

Para UCKMAR[124]: "No caso de operação entre as partes relacionadas, para verificar se o preço pactuado está em sintonia com aquele de mercado, podem ser utilizados vários sistemas (métodos) de confronto".

A OECD descreve cinco métodos para serem utilizados na determinação do preço comparável (preço parâmetro), divididos entre (i) métodos de transação tradicionais (*Traditional transaction methods*); e (ii) métodos transacionais de lucro *(transactional profit methods)*, baseados no lucro das operações.

Os métodos tradicionais foram fonte de inspiração para os métodos estabelecidos na nossa legislação; eles irão comparar preços de terceiros, ou outras medidas menos diretas, como margens brutas sobre as operações de terceiros. Conforme abaixo:

1. *Comparable Uncontrolled Price* (CUP), Preço Comparável Não Controlado, inspirador do nosso Preço Independente Comparado (PIC) e, também, existem conceitos utilizados no Preço sob Cotação na Importação (PCI);
2. *The Resale Price Method*, método do preço de revenda, que pode ter inspirado o nosso Método do Preço de Revenda menos Lucro – PRL;
3. *The Cost Plus Method*, método do custo majorado, que inspirou o nosso do Método do Custo de Produção mais Lucro – CPL;

---

[123] MARCHANT, Diego. Uma Visão analítica do PRL 60 – A Delimitação dos Problemas da IN n. 243 e da Lei n. 9.430 *in* Luís Eduardo Schoueri (coord.). Tributos e preços de transferência, 4º volume. São Paulo: Dialética 2013, p.29.
[124] UCKMAR, Victor *et alli*. Manual de Direito Tributário Internacional. São Paulo: Dialética, 2012, p. 112. vide OCDE, *Transfer Pricing Guidelines*, Paris 1995.

– Já os métodos transacionais de lucro, não são utilizados no Brasil, examinam os lucros operacionais líquidos globais que surgem das operações entre partes relacionadas.
4. *Transaction Net Margin Method* (TNMM), método da margem líquida; e
5. *Profit Split Method*, método do fracionamento dos lucros.

De acordo com as normas da OCDE[125], em caráter residual, ainda é possível recorrer a outros métodos diferentes, se eles se revelarem mais adequados ao caso considerado, no entanto, o contribuinte deve manter e estar preparado para fornecer a documentação sobre como seus preços de transferência foram estabelecidos, conforme transcrito trecho abaixo:

> *Moreover, MNE groups retain the freedom to apply methods not described in this Report to establish prices provided those prices satisfy the arm's length principle in accordance with these Guidelines. However, a taxpayer should maintain and be prepared to provide documentation regarding how its transfer prices were established. For discussion of documentation, see Chapter V.*

Segundo OLIVEIRA[126]:

> Até 2010, existia uma hierarquia entre os cinco métodos existente, quando havia uma "preferencia" pela utilização de três métodos, e, residualmente, outros dois poderiam ser utilizados. A partir de então, a OCDE retirou a recomendação de "preferência", permitindo que qualquer dos métodos seja utilizado, de acordo com a melhor forma de comprovação do preço *arm's length*. Tudo para que as condições de mercado sejam reproduzidas adequadamente para fixação do preço de transferência.

---

[125] OECD Publishing, OECD Transfer Pricing Guidelines for Multinational Enterprises and Tax Administrations 2010. OECD Publishing, 18. August 2010. Parágrafo 1.68. Transfer pricing guidelines for multinational enterprises and tax administrations 2009. "Em caráter residual, ainda é possível recorrer a outros métodos diferentes, se eles se revelarem mais adequados ao caso considerado, no entanto, o contribuinte deve manter e estar preparado para fornecer a documentação sobre como seus preços de transferência foram estabelecidos" (tradução nossa).
[126] OLIVEIRA, Vivian de Freitas e Rodrigues, Preços de Transferência como norma de ajuste do imposto sobre a renda, São Paulo: Noeses, 2015, p. 181.

De acordo com FEINSCHREIBER e KENT[127]:

> The arm's length amount might be a single figure or margin or might be an arm's length range. (Guidelines 3.55) The goal is to achieve an arm's length amount or range that is "most reliable" in determining whether the "conditions of a transaction" are at arm's length. The OECD recognizes that transfer pricing is not an exact science, and there will be many occasions in which the application of the most appropriate transfer pricing method or methods produces a range of figures, all of which are relatively reliable.

8.3.1. Comparable Uncontrolled Price (CUP; Método do Preço Comparável não controlado)

Nos termos das diretrizes da OCDE[128] o método CUP compara o preço cobrado pelo bem ou serviço em uma transação controlada com uma transação não controlada, comparável, em circunstâncias análogas:

> The CUP method compares the price charged for property or service transferred in a controlled transaction to the price charged for property or services transferred in a comparable uncontrolled transaction in comparable circumstances. If there is any difference between the two prices, this may indicate that the conditions of the commercial and financial relations of the associated enterprises are not arm's length, and that the price in the uncontrolled transaction may need to be substituted for the price in the controlled transaction.

---

[127] FEINSCHREIBER, Robert, KENT Margaret, Transfer Pricing Handbook: Guidance on The OECD regulations, United Kingdom: Wiley, 2012. p. 102. O montante *arm's length* pode ser uma única figura (preço) ou margem ou um parâmetro para que seja medido através de um intervalo (*range*). (Guidelines 3.55) O objetivo é chegar no valor ou intervalo *arm's length* que seja "mais confiável" para determinar se as "condições de uma transação" estão em conformidade com o *arm's length*. A OCDE reconhece que o preço de transferência não é uma ciência exata, e ocorrerão muitas ocasiões em que a aplicação dos métodos, de preços de transferência, mais adequados, resultará em um intervalo (range) de valores, os quais serão relativamente confiáveis (tradução nossa).

[128] OECD Publishing, OECD Transfer Pricing Guidelines for Multinational Enterprises and Tax Administrations 2010. OECD Publishing, 18. August 2010. Parágrafo. 2.6. "O método CUP compara o preço cobrado pelo bem ou serviço em uma transação controlada com uma transação não controlada, comparável, em circunstâncias análogas. Se houver alguma diferença entre os dois preços, isso pode indicar que as condições das relações comerciais e financeiras das empresas associadas não estão obedecendo o princípio *arm's length*" (tradução nossa).

Ainda em linha com o que determina a OCDE, para que seja possível a comparação de uma transação os possíveis efeitos significativos no preço, em decorrência de condições comerciais, devem ser eliminados/mitigados. Nos casos em que é possível localizar transações comparáveis não controladas, o método CUP é a maneira mais direta e confiável para aplicar o princípio da plena concorrência:

> (...) *an uncontrolled transaction is comparable to a controlled transaction (i.e. it is a comparable uncontrolled transaction) for purposes of the CUP method if one of two conditions is met: 1. None of the differences (if any) between the transactions being compared or between the enterprises undertaking those transactions could materially affect the price in the open market; or 2. Reasonably accurate adjustments can be made to eliminate the material effects of such differences. Where it is possible to locate comparable uncontrolled transactions, the CUP Method is the most direct and reliable way to apply the arm's length principle. Consequently, in such cases the CUP Method is preferable over all other methods*[129].

Condições estabelecidas que podem influenciar na comparação entre os preços, conforme disposto nas diretrizes da OCDE[130] são por exemplo, preços que já compõe a entrega do produto, ou seja, com seguro e frete. Também, caso ocorra alteração do preço em razão de uma grande quantidade vendida para determinado cliente, tais efeitos deverão ser mitigados, para se chegar à um preço comparável confiável, nos termos das normas:

---

[129] Ibidem. Parágrafo 2.7. Following the principles in Chapter I, "Uma transação não controlada é comparável com uma transação controlada (ou seja, é uma transação não controlada comparável) para fins do método CUP se uma das duas condições é alcançada: 1. Nenhuma das diferenças (se houver) entre as operações que estão sendo comparadas ou entre as empresas que realizam estas operações poderiam afetar significativamente o preço no mercado aberto; ou 2. Ajustes razoavelmente precisos podem ser feitos para eliminar os efeitos relevantes de tais diferenças. Onde é possível localizar transações comparáveis não controladas, o Método CUP é a maneira mais direta e confiável para aplicar o princípio da plena concorrência. Consequentemente, em tais casos, o método CUP é preferível a todos os outros métodos.
[130] Ibidem Parágrafo 2.12. Um exemplo prático em que podem ser necessários ajustes é o lugar onde as circunstâncias vendas controladas e não controladas, ao redor são idênticas, exceto pelo fato de que o preço de venda controlada, já inclui a entrega e as vendas não controladas são feitas da porta da fábrica para fora (F.O.B). As diferenças em termos de transporte e seguro geralmente têm um efeito definitivo e razoavelmente determinável no preço. Portanto, para determinar o preço de venda não controlado, o ajuste deve ser feito no preço nos termos de entrega" (tradução nossa).

> *One illustrative case where adjustments may be required is where the circumstances surrounding controlled and uncontrolled sales are identical, except for the fact the controlled sales price is a delivered price and uncontrolled sales are made f.o.b. factory. The differences in terms of transportation and insurance generally have a definite and reasonably ascertainable effect on price. Therefore, to determine the uncontrolled sales price, adjustment should be made to the price for the difference in delivery terms.*
>
> *(...)*
>
> *As another example, assume a taxpayer sells 1 000 of a product for $80 per ton to an associated enterprise in its MNE group, and at the same time sells 500 tons of the same product for $100 per ton to an independent enterprise. This case requires an evaluation of whether the different volumes should result in an adjustment of the transfer price. The relevant market should be researched by analyzing transactions in similar products to determine typical volume discounts*[131].

Na opinião de OLIVEIRA[132]:

> A dificuldade que se encontra na aplicação desse método é examinar os aspectos da comparabilidade, ou seja, não se pode deixar de observar de que forma as funções exercidas pelas empresas em comparação podem afetar os preços dos produtos em princípio comparáveis; diante disso, pode ser difícil estabelecer todos os ajustes necessários a uma perfeita comparação.

Segundo DUARTE[133]: "Similar ao método de Preços independentes comparados (PIC) da legislação brasileira, esse método consiste em comparar o preço de uma operação controlada com o preço de uma operação no mercado aberto, em condições de comparabilidade".

---

[131] OECD Publishing, OECD Transfer Pricing Guidelines for Multinational Enterprises and Tax Administrations 2010. OECD Publishing, 18. August 2010. Parágrafo 2. "Outro exemplo, no caso de uma venda de uma quantidade de 1.000, toneladas, de um produto por US$ 80, por tonelada, para uma empresa associada, em seu grupo multinacional, e ao mesmo tempo realiza a venda de 500, toneladas, do mesmo produto por US$ 100, por tonelada, para uma empresa independente. Este caso exige uma avaliação se os diferentes volumes devem resultar em um ajuste do preço de transferência. Devem ser pesquisadas através da análise de operações, de produtos semelhantes, para determinar típicos descontos por volume da venda" (tradução nossa).

[132] OLIVEIRA, Vivian de Freitas e Rodrigues. Preços de Transferência como norma de ajuste do imposto sobre a renda. São Paulo: Noeses, 2015, p. 174.

[133] DUARTE, Sérgio Ilidio. OCDE – As normas de Preços de Transferência. São Paulo: Saint Paul, 2007, pp. 81 – 82.

O método CUP avalia o caráter de plena concorrência de uma transação controlada, comparando o preço e as condições com o preço e as condições de transações similares entre o contribuinte e uma parte não relacionada ("CUP interna"), ou entre duas partes independentes ("comparação externa").

(...)

Como foi visto nas orientações da OCDE, a forma mais direta para determinar se as operações entre empresas associadas estão de acordo com o "princípio da plena concorrência" consiste na comparação dos preços praticados nas operações entre as associadas, com preços praticados entre as empresas independentes. Para tanto, aplica-se a metodologia denominada "Método do Preço Comparável de Mercado" ou "*Comparable uncontrolled Price (CUP)*", em inglês.

Para UCKMAR[134]:

No plano teórico, o melhor método para realizar esta verificação é aquele do "confronto de preços" (denominado *comparable uncontrolled pricing method*). Em substância, o preço praticado na operação semelhante, em que a contraparte não seja uma sociedade ou um substabelecimento permanente do grupo.

O confronto dos preços pode ser:

a) preferivelmente, "interno", aplicando as listas e as tabelas da própria empresa submetida a controle; ou então

b) de maneira subsidiária, "externo", baseado em preços fixados por empresas diferentes daquela examinada.

Porém, é frequente ocorrer que o confronto com outros preços não seja realizável, pois para tal fim é necessário que:

a) os bens/ serviços sejam comparáveis, o que, especialmente em alguns setores (pense- se, por exemplo, naquele farmacêutico), nem sempre ocorre;

b) os mesmos bens/serviços sejam comercializados dentro do mesmo mercado;

c) as transações ocorram no mesmo estágio de comercialização;

d) apliquem- se as mesmas cláusulas contratuais quanto às quantidades compradas etc.

Por estas razões, é admissível também o recurso a outros critérios elaborados pela OCDE como "métodos alternativos" ao confronto de preços.

---

[134] UCKMAR, Victor *et alli*. Manual de Direito Tributário Internacional. São Paulo: Dialética, 2012, p. 112.

De acordo com o que estabelece as diretrizes da OCDE o método CUP sugere que os preços praticados, entre as partes relacionadas, sejam comparados com os preços praticados com partes não relacionadas ou, de alguma forma, com os preços praticados entre terceiro independentes. Os bens devem ser idênticos ou similares e as condições do negócio, também, devem ser equivalentes.

Em comparação ao nosso método PIC, conforme demonstrado acima, existe a previsão na nossa legislação que possibilita o contribuinte comparar o preço praticado, entre partes relacionadas, com terceiros não relacionados, através da comparação da média das *invoices*, numa comparação interna, ou seja, quando a parte relacionada vendedora ou compradora detém a informação.

Todavia, é inócua a previsão de comparação com preços de terceiros, sedo a condição *sine qua non* para efetivação da comparabilidade as notas fiscais de empresas independentes. A nossa legislação carece de modernização, no sentido de possibilitar a utilização de bancos de dados públicos/privados para preparação dos preços comparáveis de empresas independentes, para alcançar a aplicação de forma definitiva o princípio *arm's length*.

8.3.2. The Resale Price Method (Método Preço de Revenda)
Nos termos das diretrizes da OCDE[135]:

> The resale price method begins with the price at which a product that has been purchased from an associated enterprise is resold to an independent enterprise. This price (the "resale price") is then reduced by an appropriate gross margin (the "resale price margin"), determined by reference to gross

---

[135] OECD Publishing, OECD Transfer Pricing Guidelines for Multinational Enterprises and Tax Administrations 2010, OECD Publishing, 18. August 2010. Parágrafo 2.14. "O método do preço de revenda começa com o preço de um produto que tenha sido comprado de uma empresa associada e revendido a uma empresa independente. Este preço (o "preço de revenda") é então reduzido por uma margem bruta adequada (a "margem de preço de revenda"), determinado em função de margens brutas em transações comparáveis não controladas, o que representa o montante a partir do qual o revendedor procuraria cobrir a sua despesa com venda e outras despesas operacionais e, à luz das funções desempenhadas (levando em consideração os ativos utilizados e os riscos assumidos), para realizar um lucro apropriado. O que sobra depois de subtrair a margem bruta pode ser considerado, após o ajuste de outros custos associados com a compra do produto (por exemplo, taxas e impostos aduaneiros), como o preço *arm's lentgh* para a transferência de bens entre as empresas associadas. Este método é provavelmente o mais recomendado nas operações de comercialização/vendas/revendas" (tradução nossa).

margins in comparable uncontrolled transactions, representing the amount out of which the reseller would seek to cover its selling and other operating expenses and, in light of the functions performed (taking into account assets used and risks assumed), make an appropriate profit. What is left after subtracting the gross margin can be regarded, after adjustment for other costs associated with the purchase of the product (*e.g.* customs duties), as an arm's length price for the original transfer of property between the associated enterprises. This method is probably most useful where it is applied to marketing operations.

Na leitura de UCKMAR[136]:

Método do preço de revenda (denominado *resale pricing method*): com este método aplica-se – ao preço de revenda da mercadoria adquirida pelo montante submetido à verificação – a margem bruta de valor agregado utilizada em média pelos operadores do setor (denominado *resale price margin*). O valor normal, em outras palavras, considera- se igual ao preço de revenda ao consumidor final ou a uma empresa independente, *diminuído da margem bruta de lucro em média aplicada ao setor*. Trata- se de um método adotado especialmente para verificação junto a atacadistas e revendedores.

De acordo com OLIVEIRA[137]:

Para aplicar esse método deve-se verificar o preço pelo qual um produto adquirido de uma empresa associada é revendido a uma empresa independente. Definido o valor do preço de revenda, deduz-se uma margem bruta coerente, de forma que seu resultado seja suficiente para que o revendedor possa cobrir as despesas de venda, dando um lucro apropriado.

Da mesma forma que o método CUP, uma transação não controlada é comparável com uma transação controlada (ou seja, é uma transação não controlada comparável) se eventuais efeitos significativos, nesse caso, que alteram a margem comparável sejam equalizáveis[138].

---

[136] Ibidem. p. 112.
[137] OLIVEIRA, Vivian de Freitas e Rodrigues. Preços de Transferência como norma de ajuste do imposto sobre a renda. São Paulo: Noeses, 2015, p. 174
[138] OECD Publishing, OECD Transfer Pricing Guidelines for Multinational Enterprises and Tax Administrations 2010, OECD Publishing, 18. August 2010.

As diretrizes também apresentam alguns exemplos de casos que podem alterar a margem comparável, como o caso de uma venda de um produto por uma empresa que oferece, também, a respectiva garantia. A margem não pode ser comparada ao caso em que empresa não oferece garantia do produto. Outro exemplo, caso a subsidiária possua contrato de exclusividade com a matriz e busca uma comparação com margens de empresas independentes. Os efeitos do referido contrato na margem do produto deverão ser avaliados para fins de comparação, nos termos das diretrizes da OCDE[139]:

> *Assume that there are two distributors selling the same product in the same Market under the same brand name. Distributor A offers a warranty; Distributor B offers none, Distributor A is not including the warranty as part of a pricing strategy and so sells its product at a higher price resulting in a higher gross profit margin (if the costs of servicing the warranty are not taken into account) than that of Distributor B, which sells at a lower price. The two margins are not comparable until an adjustment is made account for that difference.*
>
> *(...)*
>
> *A company sells a product through independent distributors in five countries in which it has no subsidiaries. The distributors simply market the product and do not perform any additional work. In one country, the company has set up a subsidiary. Because this particular market is of strategic importance, the company requires its subsidiary to sell only its product and to perform technical applications for the customers. Even if all*

---

[139] Ibidem. Parágrafo 2.29. "Por exemplo, vamos supor que há dois distribuidores que vendem o mesmo produto no mesmo mercado sob a mesma marca. Distribuidor A oferece uma garantia; Distribuidor B não oferece nenhuma garantia, o Distribuidor A não está incluindo a garantia como parte de uma estratégia de preços e assim vende o seu produto a um preço mais elevado, resultando em uma margem de lucro que bruta superior (se o custo da garantia não estiver sendo considerado) do que a margem aplicada pelo Distribuidor B, que vende a um preço inferior. As duas margens não são comparáveis até que seja feito um ajuste por conta dessa diferença (...) Outro exemplo, uma empresa vende um produto através de distribuidores independentes em cinco países em que não tem subsidiárias. Os distribuidores simplesmente comercializam o produto e não executam qualquer trabalho adicional. Em um país, a empresa criou uma subsidiária. Porque, este mercado específico é de importância estratégica, a empresa exige que a sua subsidiária venda apenas o seu produto e realize aplicações técnicas para os clientes. Mesmo que todos os outros fatos e circunstâncias são semelhantes, se as margens decorrem de empresas independentes que não têm acordos de venda exclusivos e não realizam aplicações técnicas como as realizadas pela controlada, é necessário analisar a necessidade ajustar o preço para atingir a comparabilidade" (tradução nossa).

other facts and circumstances are similar, if the margins are derived from independent enterprises that do not have exclusive sales arrangements or perform technical applications like those undertaken by the subsidiary, it is necessary to consider whether any adjustment must be made to achieve comparability.

Segundo DUARTE[140]:

> Quando as operações entre associadas e as operações de mercado são totalmente comparáveis, exceto pelos produtos, esse método pode ser mais adequado se for considerado "o princípio de plena concorrência/*the arm's length principle*". Em face disso, é o método mais aplicado nas operações de comercialização. A margem sobre o preço de revenda praticada pelo revendedor, em operações realizadas entre empresas associadas, pode ser determinada com base na margem que este mesmo revendedor pratica em operações de revenda para empresas independentes.

As diretrizes da OCDE sugerem a dedução de uma margem bruta adequada valor de venda do produto adquirido de uma parte relacionada, para determinação do preço parâmetro. E essa margem deveria cobrir a despesa com venda e outras despesas operacionais e, à luz das funções desempenhadas (levando em consideração os ativos utilizados e os riscos assumidos), para realizar um lucro apropriado. Esse método é indicado para distribuidores, ou seja, empresas que somente revendem produtos prontos/fabricados.

Diferentemente, do que está sendo aplicado no Brasil, comparando com o método PRL, as diretrizes da OCDE não estabelecem margens, predeterminadas gerais, mas sugerem um cálculo, tendo como base as margens aplicadas no mercado, operações independentes. Que também acompanham a economia. Como o contribuinte aplicará margens de 20% (vinte por cento), 30% (trinta por cento) e 40% (quarenta por cento), se precisa baixar preços no estágio atual da economia, ou quando ocorre uma variação cambial inesperada aumentando o seu custo na importação dos produtos.

Acredito, que aqui também, deveríamos flexibilizar o estudo e documentação do preço de transferência, possibilitando aos contribuintes docu-

---

[140] DUARTE, Sérgio Ilidio. OCDE – As normas de Preços de Transferência. São Paulo: Saint Paul Editora, 2007, p. 83

mentar a operação apresentando estudos e margens comparáveis, com base em bancos de dados e empresas especializadas.

8.3.3. The Cost Plus Method (Método do Custo Majorado)

A OCDE define o *"Cost Plus Method"* da seguinte forma[141]:

> The cost plus method begins with the costs incurred by the supplier of property (or services) in a controlled transaction for property transferred or services provided to a related purchaser. An appropriate cost plus markup is then added to this cost, to make an appropriate profit in light of the functions performed and the market conditions. What is arrived at after adding the cost plus mark up to the above cost may be regarded as an arm's length price of the original controlled transaction. This method probably is most useful where semi-finished goods are sold between related parties, where related parties have concluded joint facility agreements or long-term buy an-supply arrangements, or where the controlled transaction is the provision of services.

Segundo UCKMAR[142]:

> Método do custo majorado (denominado *cost plus method*): este método visa determinar o preço de mercado com base no custo ativo dos bens e dos serviços empregados na produção, aos quais se acrescenta uma adequada margem de lucro (*cost plus mark up*): este método é empregado especialmente em relação a bens semielaborados e às prestações de serviços, pois acrescenta ao custo de produção uma adequada margem de lucro.

---

[141] OECD Publishing, OECD Transfer Pricing Guidelines for Multinational Enterprises and Tax Administrations 2010, OECD Publishing, 18. August 2010. Parágrafo 2.32. O método *cost plus* começa com os custos suportados pelo fornecedor de bens (ou serviços) em uma transação controlada, na venda/prestação à um comprador "parte relacionada". Uma margem *"cost plus"* apropriada é então adicionado a este custo, para fazer um lucro adequada à luz das funções desempenhadas e as condições de mercado. O valor encontrado depois de se adicionar a margem *"cost plus"* no custo acima pode ser considerado como preço *"arm's length"* da operação controlada original. Este método é provavelmente mais aplicado nas vendas de bens semiacabados entre partes relacionadas, onde partes relacionadas tenham celebrado contratos de instalação conjunta ou longo prazo de fornecimento, ou onde a transação controlada é a prestação de serviços (tradução nossa).

[142] UCKMAR, Victor *et alli*. Manual de Direito Tributário Internacional. São Paulo: Dialética, 2012, p. 112

Para OLIVEIRA[143].:

> É muito utilizado nas operações de venda de produtos semielaborados entre empresas associadas. Nesse método, a margem de lucro é determinada sobre o custo do fornecedor na operação entre empresas associadas, baseando-se na margem utilizada pelo mesmo fornecedor quando pratica operações com terceiros.
>
> (...)
>
> Esse método fixa os custos suportados pela empresa associada que fornece os serviços ou vende bens para uma outra do mesmo grupo. Determinados os custos, adiciona-se uma margem de lucro apropriada, considerando as funções exercidas e as condições de mercado, obtendo, assim, um preço parâmetro.

De acordo com o que determina a OCDE[144], a margem *"cost plus"* do fornecedor em uma operação controlada deve, de preferência ser estabelecida com base na margem *"cost plus"* que o mesmo fornecedor ganha em transações comparáveis não controladas e, ainda na mesma linha dos métodos anteriores, as condições comerciais que possam alterar a margem comparável devem ser mitigadas, para alcançar in intervalo de comparação mais confiável possível:

> The cost plus markup of the supplier in the controlled transaction should ideally established by reference to the cost plus markup that the same supplier earns in comparable uncontrolled transactions. In addition, the cost plus markup that would have been earned in comparable transactions by an independent enterprise may serve as guide.

Nas diretrizes da OCDE, o método *cost plus* sugere, também, uma margem adequada, mas, ao invés de aplicá-la na revenda do produto às partes independentes, tal percentual deverá ser aplicado sobre o custo do fornecedor (parte relacionada) do produto.

---

[143] OLIVEIRA, Vivian de Freitas e Rodrigues. Preços de Transferência como norma de ajuste do imposto sobre a renda. São Paulo: Noeses, 2015, p. 174

[144] OECD Transfer Pricing Guidelines for Multinational Enterprises and Tax Administrations 2010, OECD Publishing, 18. August 2010. paragraf 2.33. "A margem *"cost plus"* do fornecedor em uma operação controlada deve, de preferência ser estabelecida com base na margem *"cost plus"* que o mesmo fornecedor ganha em transações comparáveis não controladas. Adicionalmente, uma margem *"cost plus"* que teria sido obtida por uma empresa independente, em transações comparáveis, pode servir como guia/parâmetro" (tradução nossa).

Comparando com o nosso método CPL, a legislação exige a abertura do custo do fornecedor (parte relacionada), fabricante/prestador de serviço, para verificação se houve aplicação da margem já estabelecida, pela lei, de 20% (vinte por cento).

Além de ser muito difícil a abertura do custo pelos fornecedores, ainda que sejam partes relacionadas, será que a margem estabelecida na nossa legislação, de 20% (vinte por cento), está de acordo com o que estabelece as normas da OCDE, no que se refere as funções estabelecidas pelo fabricante, risco assumido, responsabilidades contratuais, etc.?

8.3.4. Transaction Net Margin Method (TNMM; Método da Margem Líquida)

Nos termos das diretrizes da OCDE[145]:

> *The transactional net margin method examines the net profit margin relative to an appropriate base (e.g. costs, sales, assets) that a taxpayer realizes form a controlled transaction (or transactions that are appropriate to aggregate under the principles of Chapter I). Thus, a transactional net margin method operates in a manner similar to the cost plus and resale price methods. This similarity means the in order to be applied reliably, the transactional net margin method must be applied in a manner consistent with the manner in which the resale price or cost plus method is applied. This means in particular that the net margin of the taxpayer from the controlled transaction (or transactions that are appropriate to aggregate under the principles of Chapter I) should ideally be established by reference to the net margin that the same taxpayer earns in comparable uncontrolled transactions. Where this is not possible, the net margin that*

---

[145] OECD Publishing, OECD Transfer Pricing Guidelines for Multinational Enterprises and Tax Administrations 2010, OECD Publishing, 18. August 2010. Parágrafo 3.36. O método transacional *"net margin"* examina a margem de lucro líquido em relação a uma base adequada (por exemplo, custos, vendas, ativos) que um contribuinte aplica em uma transação controlada. Assim, o método margem líquida transacional funciona de forma semelhante aos métodos *"cost plus"* e *"resale price"*. E para ser aplicado de forma confiável, deverá seguir os mesmos critérios que métodos *"cost plus"* e *"resale price"*. Isto significa que a margem líquida do contribuinte, na operação controlada, deve ser estabelecida de acordo com margem líquida que o mesmo contribuinte ganha em transações comparáveis não controladas. Quando isso não for possível, pode servir como guia/parâmetro, uma margem líquida, que teria sido obtida em transações comparáveis, por uma empresa independente. Uma análise funcional da empresa associada e, em último caso, da empresa independente é necessária para determinar se as transações são comparáveis e ajustes podem ser necessários para obter resultados confiáveis. Além disso, os outros requisitos para a comparabilidade devem ser aplicados. (tradução nossa).

would have been earned in comparable transactions by an independent enterprise may serve as a guide. A functional analysis of the associated enterprise and, in the latter case, the independent enterprise is required to determine whether the transactions are comparable and what adjustments may be necessary to obtain reliable results. Further, the other requirements for comparability, and particular those of paragraphs 3.34-3.3.40, must be applied.

Segundo SCHOUERI[146]:

Na definição dada pelo relatório da OCDE, o método transacional da margem líquida de lucro examina a margem, aplicada a uma base apropriada (por exemplo: custos, vendas ou ativos), sobre o lucro líquido realizado em uma transação controlada (ou em várias transações controladas examinadas agregadamente).

Para OLIVEIRA[147]:

Como forma de ilustração, de acordo com o método mais encontrado nas documentações OCDE, o *Transactional Net Margin Method*, margens de lucratividade obtidas por empresas que exercem funções comparáveis às testadas na documentação e incorrem em riscos semelhantes são comparadas às margens de lucratividade obtidas pela parte testada. Na aplicação desse método, além das três análises acima detalhadas, a documentação traz ainda diversos apêndices, sendo os mais comuns.

a) Base de dados utilizada – nesse apêndice constam as bases eletrônicas de dados utilizadas para busca de comparáveis na indústria. Normalmente, existem sistemas aceitos por cada Fisco para validar a busca de comparáveis. Essa base de dados trará um conjunto final de empresas comparáveis, respeitando a análise funcional e de indústria elaborada na mesma política.

b) Descrição do processo de pesquisa comparáveis – nesse apêndice, toda a pesquisa elaborada é descrita, itens como localização geográfica e código de atividade econômica de empresa independente são expostos.

c) Empresas rejeitadas – compõe o anexo também aquelas empresas que foram rejeitadas nas análises e os motivos que fundaram a rejeição, que, normalmente, fundam-se em questões que as tornam "incomparáveis".

---

[146] SCHOUERI, Luís Eduardo, Preços de Transferência no Direito Tributário Brasileiro, São Paulo: Dialética, 3ª ed., revisada e atualizada, p. 94.
[147] OLIVEIRA, Vivian de Freitas e Rodrigues. Preços de Transferência como norma de ajuste do imposto sobre a renda, São Paulo: Noeses, 2015, p. 174.

Segundo UCKMAR[148]:

> Método da margem de lucro líquido (denominado *transactional net margin method*): este método identifica a margem de lucro obtida na operação intragrupo e a compara com aquela obtida numa operação com um sujeito independente. Cumpre, porém, sublinhar que mesmo este método apresenta inconvenientes, na medida em que não leva em conta as economias de escala do grupo que podem justificar a alteração dos preços.

Para SCHOUERI [149]:

> A atuação do método transacional da margem líquida de lucro não é muito diferente do modo como operam o método do preço de revenda e o método do custo mais lucro: de modo análogo, o ideal seria descobrir a mesma margem de lucro líquida que o contribuinte aufere em transações independentes comparáveis ou, não sendo possível, a margem líquida auferida por terceiros independentes. A questão da comparabilidade também exerce, aqui, papel fundamental, o que implica a importância da análise funcional e dos ajustes que se fazem necessários, que, no caso, são ainda maiores que nos métodos tradicionais. Isso porque os métodos tradicionais partem de margens brutas, enquanto o método ora em estudo se refere à margem líquida. Esta inclui muito maior número de variáveis e daí decorrem os ajustes mais cuidadosos, já que margens líquidas podem ser afetadas por fatores como ameaça de novos participantes no mercado, a eficiência gerencial, estratégias individuais, o risco de produtos serem substituídos, o grau de experiências da empresa no ramo de atividade, a eficiência da força de vendas etc.

8.3.5. The Profit Split Method (Método do Fracionamento dos Lucros)

A definição e aplicação do *"Profit Split Method"* previstas nas diretrizes da OCDE[150] ocorrem da seguinte forma:

---

[148] UCKMAR, Victor *et alli*. Manual de Direito Tributário Internacional. São Paulo: Dialética, 2012, p. 112.

[149] SCHOUERI, Luís Eduardo, Preços de Transferência no Direito Tributário Brasileiro, São Paulo: Dialética, 3ª ed., revisada e atualizada, p.328.

[150] OECD Publishing, OECD Transfer Pricing Guidelines for Multinational Enterprises and Tax Administrations 2010, OECD Publishing, 18. August 2010. Parágrafo 3.5. "Quando as operações são muito relacionadas entre si, pode ser que elas não possam ser avaliadas em base separadas. Em circunstâncias similares, as empresas independentes podem decidir criar uma forma de parceria e concordar com uma forma de dividir o lucro. Assim, o método de

Where transactions are very interrelated it might be that they cannot be evaluated on separate basis. Under similar circumstances, independent enterprises might decide to set up a form of partnership and agree to a form of profit split. Accordingly, the profit split method seeks to eliminate the effect on profits of special conditions made or imposed in a controlled transaction (or in controlled transactions that are appropriate to aggregate under the principles of Chapter I) by determining the division profits that independent enterprises would have expected to realize from engaging in the transaction or transactions. The profit split method first identifies the profit to be split for the associated enterprises from the controlled transactions in which the associated enterprises are engaged. It then splits those profits between the associated enterprises on an economically valid basis that approximates the division of profits that would have been anticipated and reflected in an agreement made at arm's length. The combined profit may be the total profit from the transactions or a residual profit intended to represent the profit that cannot readily be assigned to one of the parties, such as the profit arising from high-value, sometimes unique, intangibles. The contribution of each enterprise is based upon a functional analysis as described in Chapter I, and valued to the extent possible by any available reliable external market data. The functional analysis is an analysis of the functions performed (taking into account assets used and risks assumed) by each enterprise. The external market criteria may include, for example, profit percentages or returns observed among independent enterprises with comparable functions. Subsection c) of this Section provides guidance for applying the profit split method.

"*profit split*" visa eliminar o efeito sobre os lucros das condições especiais estabelecidas ou impostas em uma transação controlada, determinando a divisão de lucros que as empresas independentes esperam realizar por se envolver na operação ou operações. O método do "*profit split*" primeiro identifica o lucro a ser dividido para as empresas associadas nas transações controladas em que estão envolvidas. Em seguida, ele divide esses lucros entre as empresas associadas em condições economicamente válidas que se aproxima a divisão dos lucros que teriam sido antecipadas e refletidos em um acordo feito com base no "*arm's length*". O lucro combinado pode ser o lucro total das transações ou um lucro residual destinado a representar o lucro que não podem ser facilmente atribuídos a uma das partes, tal como o lucro proveniente de alto valor, por vezes único, intangível. A contribuição de cada empresa é baseada em uma análise funcional, e valorada na medida do possível por quaisquer dados de mercado externos confiáveis disponíveis. A análise funcional é uma análise das funções desempenhadas (levando em consideração os ativos utilizados e os riscos assumidos) por cada empresa. Os critérios de mercado externos podem incluir, por exemplo, percentagens de lucro ou retornos observados entre as empresas independentes com funções comparáveis" (tradução nossa).

De acordo com OLIVEIRA[151]:

Método de repartição do lucro (denominado *profit Split method*): este método calcula o valor global do lucro que as empresas teriam obtido se tivessem agido independentemente, individualizando a parcela do lucro relativa à operação examinada, com base na participação de cada unidade em termos de riscos e contribuições.

Na opinião de DUARTE[152]:

Para sua utilização, é necessária a identificação do total dos lucros decorrentes das operações realizadas entre empresas associadas para, em seguida, dividi-los entre elas com base em uma análise econômica que possa determinar que suas parcelas contemplem proporções similares àquelas que seriam adequadas e, portanto, usuais, nas operações celebradas entre empresas independentes que atuem no mercado desempenhando funções comparáveis. Assim é, pressuposto, na aplicação desse método, uma análise funcional com o exame das funções exercidas por cada uma das empresas associadas. Para tanto, há que se considerar qual a extensão dos riscos assumidos e dos ativos utilizados na execução da operação por cada uma das empresas associadas, de modo que faça sentido comparar, além das operações em si, as funções exercidas, os riscos assumidos e os ativos utilizados pelas empresas independentes que se pretenda estabelecer como parâmetro, no caso destas praticares operações similares.

Segundo SCHOUERI[153]:

No glossário da OCDE, encontra-se definido o método transacional da divisão do lucro (*profit split method*) como um método de lucro transacional que identifica um lucro combinado de uma transação controlada (ou de transações controladas, nos casos em que seja adequado agregá-las) a ser dividido entre as empresa associadas, e então reparte tais lucros entre as empresas associadas com uma base economicamente válida que se aproxima da divisão de lucros que teria sido combinada e refletido um acordo baseado no *arm's length*.

---

[151] OLIVEIRA, Vivian de Freitas e Rodrigues, Preços de Transferência como norma de ajuste do imposto sobre a renda, São Paulo: Noeses, 2015, p. 174
[152] DUARTE, Sérgio Ilidio. OCDE – As normas de Preços de Transferência. São Paulo: Saint Paul Editora, 2007, p. 87 a 89.
[153] SCHOUERI, Luís Eduardo, Preços de Transferência no Direito Tributário Brasileiro, São Paulo: Dialética, 3ª ed., revisada e atualizada, p. 126 a 128.

(...)
O método transacional da divisão de lucros é especialmente interessante para os casos em que se encontram diversos negócios tão estreitamente relacionados, que não seja mais possível o exame de transações em separado. Conquanto centrado em uma transação, ou em um grupo de transações, no caso de uma empresa associada muito especializada, pode até mesmo acontecer de toda a atividade dessa empresa precisar ser analisada por tal método.

8.4. Utilização de Bancos de Dados com Informação de Preço de Mercado e Estudos de *"Benchmarking Analysis"* Não Utilizados no Brasil

Para determinar uma transação conforme *arm's length* para as partes relacionadas no âmbito da *OCDE*, geralmente precisa ser elaborado um estudo de *"benchmark"*. O referido estudo busca informações de empresas que realizam atividades similares, para efeito de comparação (de preços, margens, lucro,etc) para aplicação do *arm's length*.

A análise de comparabilidade deve ser feita de acordo com as diretrizes da OCDE que determina cinco fatores de comparabilidade, tais como: características dos produtos e serviços; análise funcional; as condições contratuais; circunstâncias econômicas e as estratégias de negócios.

São utilizados bancos de dados comerciais, como por exemplo Amadeus, Bloomberg, de onde são retiradas as informações sobre as empresas, em condição comparáveis. O processo de benchmarking segue a análise de comparabilidade determinada pela OCDE.

A preparação da documentação leva em consideração o período a ser coberto, a identificação da transação controlada, análise funcional, verificação do método de preço de transferência mais adequado, identificação de fatores de comparabilidade, interpretação e utilização dos dados recolhidos; determinação do preço ou intervalo (*range*) *arm's length*.

Para FEINSCHREIBER e KENT[154]:

> *Commercial databases are a common source of information for transfer pricing purposes. (Guidelines 3.49). Most typically, data firms have editorial staffs who copy reports*

---

[154] FEINSCHREIBER, Robert e KENT, Margaret. Transfer Pricing Handbook Guidance for the OECD Regulations. United Kingdom: Wiley, 2012. p.100 – 105. Bancos de dados comerciais são uma fonte comum de informações para fins de preços de transferência. (Diretrizes 3.49). Mais tipicamente, as empresas de dados têm equipes editoriais que copiam relatórios arquivados

filed with relevant administrative bodies. These data firms compile the data, categorize them, and then present them in an electronic format suitable for reaching an statistical analysis. These databases are said to be a "practical and cost-effective way of identifying external comparable." Such databases might provide the most reliable source of information, depending on the facts and circumstances of the case. The reader is warned that these databases are not infallible, they are subject to classification and errors, and they tend to be quite costly.

Existe a previsão na legislação[155] do preço de transferência no Brasil de que as comprovações dos preços podem ser **reforçadas** através da apresentação de elementos complementares de prova:

– *publicações ou relatórios oficiais do governo do país do comprador ou vendedor ou declaração da autoridade fiscal desse mesmo país, quando com ele o Brasil mantiver acordo para evitar a bitributação ou para intercâmbio de informações;*
– *pesquisas efetuadas por pessoa jurídica ou instituição de notório conhecimento técnico ou publicações técnicas, onde se especifique o setor, o período, as pessoas jurídicas pesquisadas e a margem encontrada, bem assim identifique, por pessoa jurídica, os dados coletados e trabalhados.*

Todavia, também, existe a previsão de que **em nenhuma hipótese** será admitido o uso, como parâmetro, de preços de bens, serviços e direitos praticados em operações de compra e venda atípicas, tais como nas liquidações de estoque, nos encerramentos de atividades ou nas vendas com subsídio governamental[156].

Também, a legislação estabelece que os percentuais, das margens, pré-determinadas, para utilização no cálculo do método PRL poderão ser

---

com as entidades administrativas competentes. Estas empresas de dados compilam os dados, os classificam, em seguida, apresentam em formato eletrônico adequado para se chegar a uma análise estatística. Estas bases de dados são ditas uma "forma prática e econômica de identificar comparável externo." Esses bancos de dados podem fornecer a fonte mais confiável de informações, dependendo dos fatos e as circunstâncias do caso. O leitor é avisado de que esses bancos de dados não são infalíveis, elas estão sujeitas a classificação e erros, e eles tendem a ser bastante onerosos. (tradução nossa).

[155] BRASIL. Artigo 43, da Instrução Normativa, da Receita Federal do Brasil nº 1312, de 28 de dezembro de 2012. Disponível em: http://normas.receita.fazenda.gov.br/sijut2consulta/link.action?visao=anotado&idAto=39257. Acesso em: 30/04/2016.
[156] Ibidem. Artigo 44.

alterados por determinação do Ministro de Estado da Fazenda, em atendimento a solicitação de entidade de classe representativa de setor da economia, em relação aos bens, serviços ou direitos objeto de operações por parte das pessoas jurídicas representadas, ou, ainda, em atendimento a solicitação da própria pessoa jurídica interessada[157].

No entanto, as solicitações de alteração de percentuais, efetuadas por entidades de classe ou por pessoa jurídica, deverão conter indicação do prazo para vigência das margens sugeridas e ser instruídas com os seguintes documentos[158]:

a. demonstrativo dos custos de produção dos bens, serviços ou direitos, emitidos pela pessoa jurídica fornecedora, domiciliada no exterior;
b. demonstrativo do total anual das compras e vendas, por tipo de bem, serviço ou direito, objeto da solicitação;
c. demonstrativo dos valores pagos a título de frete e seguros, relativamente aos bens, serviços ou direitos;
d. demonstrativo da parcela do crédito presumido do IPI, como ressarcimento da Contribuição para o PIS/Pasep e da Cofins, correspondente aos bens objeto da solicitação.

Além dos documentos mencionados, as solicitações de alteração de percentuais poderão ser justificadas com publicações ou relatórios oficiais do governo do país do comprador ou vendedor ou declaração da autoridade fiscal desse mesmo país, quando com ele o Brasil mantiver acordo para evitar a bitributação ou para intercâmbio de informações; ou pesquisas efetuadas por pessoa jurídica ou instituição de notório conhecimento técnico ou publicações técnicas, onde se especifique o setor, o período, as pessoas jurídicas pesquisadas e a margem encontrada[159].

Em que pese os documentos exigidos (de demonstrações de custos, etc.) sejam de difícil acesso eu acredito que as solicitações para a Receita Federal do Brasil, de alteração de margens, poderiam ser embasadas, apenas como os estudos e pesquisas de mercado, para justificar uma flexibilidade das margens predeterminadas. Seria um início da missão de flexibilização das regras para os métodos PRL e CPL.

---

[157] Ibidem. Artigo 45.
[158] Ibidem. Artigo 47
[159] Ibidem. § 3º, do Artigo 47.

8.5. Análise da Aplicação das Diretrizes da OECD na Importação de Bens e Serviços e suas Respectivas Críticas

O grande problema do preço de transferência no Brasil se dá por conta da pouca flexibilização dos métodos. Vamos supor que seja impossível aplicar o CPL, pois a exportadora não fornece, de maneira alguma, a abertura do custo do produto e não seria possível aplicar o PIC, pois não existem informações com terceiros comparáveis, sobra quase sempre o método PRL.

Um ponto negativo do PRL é, também, a oscilação do câmbio, que apesar de algumas empresas usarem a proteção *do hedge*, de custo altíssimo, o mesmo produto importado, em moeda estrangeira, em janeiro, no mês seguinte pode sofrer uma grande variação, o custo é sempre apurado em reais e quase nunca se consegue repassar o aumento no preço aos clientes.

Essa empresa com certeza sofrerá ajuste de TP, porém, sem manipular preços, contratando com exatamente o mesmo valor importado, em moeda estrangeira, do ano calendário anterior. E pode ser que essa mesma empresa não tenha sofrido o ajuste no ano anterior, contratando com o mesmo preço em moeda estrangeira.

As normas de preço de transferência no Brasil não seguem as diretrizes da OCDE, principalmente com relação à aplicação dos métodos PRL, CPL, que já são definidas as margens de antemão pela legislação e com relação ao PIC as informações, contidas em *invoices (notas fiscais)*, de terceiros são muito difíceis de se obter. As normas foram estabelecidas no país definindo previamente as margens de mercado, o que vai na contramão da aplicação do princípio a*rm's length*, e com relação à comparabilidade do método PIC, se a parte relaciona não vende/presta seus produtos/serviços para terceiros não vinculados, também, esse método fica impossível ser aplicado.

Segundo OLIVEIRA [160]:

> Da análise dos métodos, é possível concluir que as normas, longe de perseguir condições de mercado ou a fixação de um preço parâmetro real e efetivamente possível de ser praticado quando a mesma operação, nas mesmas condições de pagamento, em bases comparáveis, fosse realizada entre partes independentes, sob livres condições de marcado, buscam, em verdade, a fixação do preço válido fiscalmente para fins de apuração do imposto sobre a renda, unicamente com o intuito de compor base de cálculo de tributo.

---

[160] OLIVEIRA, Vivian de Freitas e Rodrigues. Preços de Transferência como norma de ajuste do imposto sobre a renda. São Paulo: Noeses, 2015, p. 176.

(...)

No modelo OCDE, em sentido diametralmente oposto, busca-se a reprodução das reais condições de mercado, as condições em que uma operação entre partes relacionadas, se realizada entre partes não vinculadas, se operaria. Há um foco na "comparabilidade", e essa comparação é buscada até o fim.

Na opinião ÁVILA[161]:

> Outra característica marcante da disciplina brasileira dos preços de transferência é a predeterminação das margens brutas que devem ser aplicadas nos métodos inspirados no *cost plus* e no *resale price*. Na metodologia internacional, as margens que forma a amostra de transações não controladas em circunstâncias comparáveis comporão um intervalo de preços *arm's length* que será cotejado com o preço praticado na transação controlada. Os métodos brasileiros que utilizam margens, por outro lado, determinam o cálculo de médias aritméticas ponderadas de preços de venda ou de custos que constituirão bases a partir das quais devem ser aplicadas as respectivas margens brutas predeterminadas com o intuito de encontrar um valor único representativo do preço-parâmetro.

Para OLIVEIRA: "No modelo da OCDE, há cálculos, mas o que "orienta" a política é a descrição de funções, riscos e ativos e não uma fórmula matemática estanque, a ser aplicada indistintamente para qualquer operação, de qualquer segmento de qualquer indústria"[162].

As diretrizes da OCDE estão privilegiando o princípio *arm's length*, no sentido sugerir a comparações de operações controladas, com operações independentes contidas em mecanismos de comparáveis públicos e de domínio comum. A documentação de Preços de Transferência é em função da análise funcional e de risco das empresas, o que nem de perto a nossa legislação permite.

---

[161] Cf. Humberto Ávila, Teoria da igualdade tributária. São Paulo: Malheiros, 2008, p. 95; e Ricardo Marozzi Gregorio, Preços de transferência – *arm's length* e praticabilidade, ob. cit., p. 2070 *in* GREGORIO, Ricardo Marozzi. Restrições da Comparabilidade, Margens Predeterminadas e Liberdade da Escolha de Métodos. /Luís Eduardo Schoueri (coord.). Tributos e preços de transferência, 4º volume. São Paulo: Dialética 2013, p. 356

[162] OLIVEIRA, Vivian de Freitas e Rodrigues. Preços de Transferência como norma de ajuste do imposto sobre a renda. São Paulo: Noeses, 2015, p. 176.

9. Conclusões

As normas brasileiras de preço de transferência são de difícil aplicação na maioria das situações, para as pessoas jurídicas situadas no país e não guardam identidade com as regras estabelecidas pela OCDE.

Para aplicação do método PIC, por exemplo, a pessoa jurídica no Brasil sempre dependerá de informações provenientes: (i) da pessoa jurídica sediada no exterior que exportou o bem ou serviço, ou (ii) de terceiros que praticam a mesma ou similar operação, ou seja, concorrente direto no mercado.

Portanto, se nas operações das partes relacionadas não existirem vendas para terceiros ou aquisições de terceiros, para comparação com as operações praticadas entre elas, não existe a possibilidade da aplicação do método PIC. Para situações em que a parte relacionada (do mesmo grupo) vende/presta uma assessoria específica apenas para pessoas jurídicas do mesmo grupo econômico, fica impossível aplicar o respectivo método. Também, nas operações com terceiros em paraíso fiscal ou regime fiscal privilegiado não há possibilidade de aplicar a metodologia sem que o parceiro detalhe as informações sigilosas, demonstrando o seu preço praticado com terceiros.

A documentação do método CPL é muito complicada de se apresentar à RFB, a dificuldade aparece na falta de regulamentação definitiva, com relação aos documentos necessários, para comprovar os custos incorridos pela fabricante ou prestadora de serviços no exterior. Quais documentos seriam adequados, para apresentação à RFB, em caso de fiscalização? Por exemplo: balancete, KARDEX, etc. Eles deveriam ser traduzidos, notarizados, consularizados e registrados em Cartório de Registro de Títulos e Documentos?

Não existe o detalhamento de forma clara, na legislação, dos relatórios e documentos, que seriam suficientes/necessários, para comprovação dos custos incorridos pelo fornecedor (parte relacionada), além disso, a abertura do custo não é muito bem aceita nas matrizes ou coligadas, além da determinação de aplicação de uma margem de 20% (vinte por cento), predeterminada, que muitas vezes não reflete o preço de mercado, e não leva em consideração a análise funcional da fabricante ou prestadora de serviço.

Com relação ao PRL, a grande distorção começou pela implementação da margem de PRL 60%. Essa normativa não passou nem perto do que estabelece as diretrizes da OCDE, pois, diante de uma margem tão alta não se poderia alcançar o preço de mercado, para efeito de comparação. Não podemos comparar às diretrizes da OCDE uma metodologia que, além de alterar um dispositivo previsto em lei, aplica uma margem bruta de 60% (sessenta por cento), e compara com um preço praticado não só com a vinculada ou pessoas em paraíso fiscal/regimes privilegiados, mas com a transportadora e seguradora internacional e o próprio Fisco com a inclusão do imposto de importação.

A alteração da referida norma, trouxe novas margens, porém, novamente, predeterminadas, agora, por setores, que ninguém sabe como se enquadrar, tendo em vista a gama de atividades realizadas no país. Novamente, tais margens podem até refletir em algum momento a realidade de mercado, porém, não se ajustam de acordo com a dinâmica das relações comerciais e efeitos da economia. Em minha opinião a publicação da Lei nº 12.715/12 coloca um ponto final com relação à discussão anterior da forma de cálculo aplicável (IN *vs.* Lei), porém, traz outras dúvidas, como por exemplo, relativamente aos setores listados. Como serão definidos os setores? Se a empresa produz uma embalagem plástica para uma indústria farmacêutica a qual setor eu pertenço? Químico ou fármaco? Se ela está filiada ao sindicato dos metalúrgicos, porém apenas realiza montagem, ela está no setor da metalurgia?

O nosso problema continua, quando o legislador acredita que a aplicação, dos métodos, estabelecidos em nossa legislação, está de acordo com os preços de mercado e atende o princípio *arm's length* /plena concorrência. É de conhecimento de todos, que atuam em qualquer tipo de atividade, que a margem de venda de um determinado produto ou serviço não vai ser a mesma para sempre, pois, existem muitas influências externas que regulam a remuneração cobrada pela sua comercialização ou prestação.

Conforme visto no decorrer do presente trabalho, o pilar fundamental para aplicação do preço de transferência é o princípio *arm's length*/plena concorrência, ou seja, para se documentar o preço praticado nas operações, entre partes relacionadas, deve-se buscar os meios de comparação que melhor retratem os preços de mercado, em condições normais, praticados por pessoas jurídicas independentes.

Os outros métodos estabelecidos nas diretrizes da OCDE, também, deveriam ser opção para o contribuinte documentar a operação no Brasil, habilitando a possibilidade da comprovação da margem líquida da operação em relação ao mercado e da justa alocação do lucro em determinadas situações/operações.

Uma grande evolução dos estudos de preços de transferência, no Brasil, seria a possibilidade de utilização de bancos de dados comerciais, como por exemplo Amadeus e Bloomberg, de onde são retiradas as informações sobre as empresas, em condição comparáveis, para aplicação dos fatores de comparabilidade estabelecidos pela OCDE, tais como: características dos produtos e serviços; análise funcional; as condições contratuais; circunstâncias econômicas e as estratégias de negócios.

Necessitamos de alternativas na legislação do país em linha com o que estabelece as normas da OCDE, as pessoas jurídicas precisam de opções mais plausíveis de comparação de informações com terceiros independentes, para aplicação do método PIC e também, com relação às margens aplicadas no mercado, para utilização do PRL e CPL.

A Receite Federal do Brasil já possui um grande banco de dados eletrônico, Sistema Público de Escrituração Digital (SPED), que contém informações transmitidas pelas mais diversas pessoas jurídicas situadas no país, o início de uma revolução com relação à comparabilidade de preços está na criação de banco de dados público para consulta e utilização na documentação do preço de transferência.

A aplicação do princípio *arm's legth* só ocorrerá de forma plena e definitiva, de acordo com o que determinam as diretrizes da OCDE, a partir do momento em que as pessoas jurídicas possam obter a comparabilidade entre os preços e margens praticados (com partes relacionadas) com preços ou margens de mercado (praticados por terceiros) de fontes públicas ou privadas de consulta/pesquisa.

SOBRE OS AUTORES

Flávia Kfouri de Sousa
Bacharel em Direito (2012) pela Universidade Presbiteriana Mackenzie, especialista em Direito Tributário pelo Instituto de Ensino e Pesquisa – Insper (2017) e graduanda em Ciências Contábeis na Faculdade FIPECAFI. Advogada e Supervisora Tributária em indústria multinacional atuando com ênfase em planejamento e contencioso tributário.

Lúcio Breno Pravatta Argentino
Bacharel em Direito (2012) pela Universidade Estadual Paulista "Júlio de Mesquita Filho" (UNESP). Possui *LL.M.* em Direito Tributário (2017) pelo Instituto de Ensino e Pesquisa (INSPER). Bacharelando em Ciências Contábeis pela Fundação Instituto de Pesquisas Contábeis, Atuariais e Financeiras (FIPECAFI). Advogado tributarista em São Paulo, com atuação em *due diligence*, reestruturações societárias, planejamento tributário e preços de transferência. Autor de artigos em publicações nacionais e internacionais.

Tiago H. Tomasczeski
É formado em Direito pela Pontifícia Universidade Católica do Paraná, (2009). Especializado na área de Consultoria Tributária (nacional/internacional) LL.M – Insper, em São Paulo, impostos diretos e indiretos, M&A, atua na realização de *due diligence* Tributária, otimização de estrutura de investimento estrangeiro/aquisição no país. Foi consultor tributário em empresa Big4 (Deloitte Touche Tohmatsu) (2008–Out/2011). Atuou como responsável (Brazilian desk) pelas questões legais e tributárias relaciona-

das com o Brazil, na empresa de consultoria Rödl & Partner, localizada em Nuremberg, na Alemanha (Out/11 – Abr/12). Em Maio de 2012 foi convidado para liderar a Consultoria Tributária (Head of Tax) da Rödl & Partner Brasil (2012-dez/2015). É sócio do escritório Küster Machado, responsável pela unidade de São Paulo, desde dezembro de 2015, com ênfase nas atividades de consultoria em direito empresarial, com foco na tributação internacional, preços de transferência (Transfer Pricing) e M&A.

ÍNDICE

PREÇO DE TRANSFERÊNCIA NA EXPORTAÇÃO E A LEGISLAÇÃO
BRASILEIRA   11

PREÇOS DE TRANSFERÊNCIA EM CONTRATOS DE LONGO PRAZO   49

A APLICAÇÃO DOS MÉTODOS DE PREÇO DE TRANSFERÊNCIA
NO BRASIL, NA IMPORTAÇÃO DE MERCADORIAS E SERVIÇOS,
EM RELAÇÃO ÀS NORMAS INTERNACIONAIS DA ORGANIZAÇÃO
PARA COOPERAÇÃO E DESENVOLVIMENTO ECONÔMICO (OCDE)   87